SCÉNARIO 2

Cahier d'exercices

Marion Mistichelli

avec la collaboration de Françoise Palot et Virginie Salles

HACHETTE
Français langue étrangère

www.hachettefle.fr

Couverture : Amarante

Conception graphique et mise en pages intérieure : MÉDIAMAX

Édition : Vanessa Colnot

Illustrations, pp. 18, 21, 53, 55, 65, 117 : Margaux Motin

Illustrations, pp. 11, 12, 16, 18, 44, 48, 60, 82, 92, 100, 101, 115 : Raphaël Delerue

Nous avons fait notre possible pour obtenir les autorisations de reproduction des textes et documents publiés dans cet ouvrage. Dans le cas où des omissions ou des erreurs se seraient glissées dans nos références, nous y remédierions dans les éditions à venir.

ISBN 978-2-01-155565-6

SOMMAIRE

COMPRENDRE ET *Agir*

1 📖 ▸ Livre de l'élève p. 10 **Relisez la page du blog. Manon parle de son groupe, retrouvez les qualités et défauts de chacun, puis caractérisez leurs relations.**

	Qualités	Défauts	Relations avec Manon
Fanny	....	....	....
Amar	....	....	....
Léo	....	....	....

2 **Associez les contraires.**

1. On passe des heures au téléphone. •
2. C'est comme mon meilleur ami. •
3. Elle est beaucoup plus jeune que moi. •
4. C'est tout mon contraire. •
5. Il est caractériel et impatient. •
6. On est inséparables. •
7. On fait souvent des soirées ensemble. •

- • **a.** On ne se voit jamais.
- • **b.** On sort chacune de notre côté.
- • **c.** Elle est très douce et attentive.
- • **d.** On ne s'appelle jamais.
- • **e.** On a beaucoup de points communs.
- • **f.** On ne s'entend pas très bien.
- • **g.** Elle a 5 ans de plus que moi.

3 **Maëlle vous demande de l'aider à créer la rubrique « ma biographie » de son blog. Elle veut parler de ses relations avec sa petite sœur Isa et son frère aîné. Reconstituez le récit en vous aidant des phrases de l'activité 2.**

4 📖 ▸ Livre de l'élève p. 11 **Relisez les documents, réécoutez le dialogue, puis répondez aux questions.**

1. Paul photographie la rue pour :
☐ observer les gens.
☐ monter une expo.
☐ passer le temps.

2. Arthur est en voyage tout le temps car il :
☐ est reporter photo.
☐ est guide touristique.
☐ aime voyager et aller dans différents endroits.

3. Olivia montre sur son blog :
☐ ses créations artisanales.
☐ les bijoux qu'elle achète.
☐ les copines avec lesquelles elle fait du shopping.

4. Martine aime les sports comme :
☐ le tennis.
☐ le parachutisme.
☐ le saut en hauteur.

5 **Les goûts et les couleurs... Dites si vous aimez ou pas ces couleurs et ce à quoi elles vous font penser.**

Exemple : *Je déteste le gris, c'est une couleur triste qui fait penser à l'hiver.*

1. violet → ....

2. noir → ....

3. rouge → ....

4. bleu ciel → ....

5. jaune → ....

6 **Zoé s'inscrit dans un groupe de danse. Elle rencontre Lila, Sophie et Zélia. Elle parle de ses nouvelles copines dans son blog. Complétez les descriptions suivantes avec les verbes *adorer, aimer, être passionné(e) de, s'intéresser à*. Puis retrouvez qui est qui.**

1. Lila ne parle pas beaucoup mais elle écoute les autres avec attention. Je ne sais rien sur elle mais

j'.................. beaucoup son caractère un peu secret. Je la trouve très belle, c'est une grande brune,

avec de très longs cheveux.

2. Zélia est étudiante en sociologie. Elle .... l'actualité sociale et politique.

Après les cours, on va souvent boire un verre, et là, on refait le monde. C'est une petite blonde bouclée,

une rigolote, toujours le sourire aux lèvres.

3. Sophie, la blonde sportive du groupe. Même si on se dispute de temps en temps, j'....................

son dynamisme. Elle .... sport. Elle danse mais elle fait aussi de l'athlétisme

et de la boxe !

a. ....

b. ....

c. ....

GRAMMAIRE

Les pronoms compléments

1 **Répondez aux questions en utilisant *le, la, les, lui, leur*.**

Exemple : Manon aime-t-elle la musique ? *Oui, elle l'aime.*

1. Est-ce qu'elle compose la musique de ses chansons ? Oui, elle ....

2. Chante-t-elle les chansons qu'elle compose ? Oui, elle ....

3. Fait-elle goûter sa cuisine à son amie Lucie ? Oui, elle ....

4. Sait-elle combien de personnes visitent son blog ? Oui, elle ....

5. Invite-t-elle ses amis lorsqu'elle donne un concert ? Oui, elle ....

6. Raconte-t-elle ses week-ends à ses parents ? Oui, elle ....

2 **Transformez les phrases en utilisant les pronoms compléments, comme dans l'exemple.**

Exemple : Je demande <u>à mes amis</u> de lire <u>mes rubriques</u>. → *Je **leur** demande de **les** lire.*

1. J'ai demandé <u>à ma sœur</u> de m'aider à rédiger <u>ma rubrique « voyage »</u>.

....

2. On relit deux fois <u>mes textes</u> avant publication.

....

3. Je suggère <u>à mes lecteurs</u> de donner <u>leur avis</u>.

....

4. Régulièrement, je lis <u>les réponses de mes lecteurs</u>.

....

5. J'ai chargé <u>mon copain Fred</u> de la mise en page.

....

3 **Devinez ce que vous a dit votre interlocuteur en remplaçant le pronom complément souligné par un mot ou groupe de mots, comme dans l'exemple.**

*Exemple : Ça fait très longtemps que je n'ai pas vu **Isa**. Tu <u>la</u> verras demain soir.*

1. .... Je <u>la</u> visiterai plus tard.

2. .... Quand me <u>les</u> présenteras-tu ?

3. .... Tu ne <u>leur</u> as pas encore dit ?

4. .... Je te <u>le</u> passerai quand je l'aurai terminé.

5. .... Je ne <u>l'</u>ai jamais rencontrée.

6. .... Je <u>lui</u> écris toutes les semaines.

La place des adjectifs

4 **Reconstituez les phrases.**

Exemple : vient d'entrer / bateau / ce / anglais / grand / dans le port
→ *Ce grand bateau anglais vient d'entrer dans le port.*

1. homme / nous regarde / un / bossu / vieil / passer

→ ....

2. énorme / cette / n'a pas de propriétaire / rouge / valise

→ ....

3. ballon / cet / au rugby / étrange / sert à jouer / ovale

→ ....

4. ordinateur / j'ai besoin / d'un / portable / simple / pour travailler

→ ....

5. ce / c'est celui de / chapeau / Bozo le clown / pointu / petit

→ ....

5 **Zoé nous parle de ses goûts. Imaginez à l'aide des mots suivants ce qu'elle aime et ce qu'elle n'aime pas (attention à l'accord des adjectifs).**

classique – gros – nouveau – après-midi – vieux – animaux – long – poilu – concerts – films – studieux – américain – conversations – politique – interminable – jeux – merveilleux – interactif

Zoé aime...	Zoé n'aime pas...
....	.......*les interminables après-midi studieuses*........
....	....
....	....
....	....

6 **Dans sa rubrique « mes passions », Manon a oublié tous les adjectifs. Complétez en faisant bien attention à l'accord des adjectifs.**

fabuleux – original – jeune – engagé – contemporain – merveilleux – meilleur – incontournable – finlandais

Mon père était un .... compositeur .... J'ai hérité de ce

.... don. Aujourd'hui, je compose des mélodies .... et

j'écris de nombreux textes .... J'adore également l'art ....

que j'ai découvert grâce à ma .... amie Lucie. Au cours de mes voyages, j'ai visité

des musées .... comme l'........................... musée Guggenheim à New York.

Vous savez tout de mes passions, maintenant à vous de me dire ce que vous aimez !

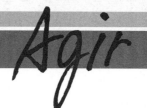

1 📖 ▶ Livre de l'élève p. 16 **Réécoutez le dialogue et prenez des notes. Puis, écrivez un mél à un ami pour lui expliquer les formalités d'inscription au concours.**

✉ Envoyer maintenant 📧 📋 🔗 ▼ 🗑 📎 ✒ ▼ 📇 Options ▼ 🎞 Insérer ▼ ≣ Catégories ▼

Salut,

J'ai appelé la Fondation Terre du Monde et la secrétaire m'a expliqué comment participer

au concours. Il faut ....

....

....

2 **Vous souhaitez participer au concours suivant :**

> Vous rêvez de partir en vacances dans un pays lointain pour aider
> les autres... Racontez-nous votre voyage idéal et nous vous l'offrirons !
> Pour participer au grand concours « Récit de voyage », il vous suffit
> de remplir le formulaire accompagné de votre projet (1 page)
> et de l'envoyer à l'adresse indiquée au dos.
>
> **Pour plus d'informations :**
> 01.65.89.00.00 ou info@lagencedevoyages.com

1. Vous définissez votre projet, puis vous complétez le formulaire ci-dessous :

```
M. ☐          Mlle ☐              Mme ☐
Nom : .........................................
Prénom : ......................................
Âge : ........................................
Adresse : .....................................
Téléphone : ...................................
E-mél : .......................................
Parcours (études, stages) : ...............
..............................................
..............................................
Centres d'intérêts : ......................
Projet : ...................................
Motivations : ..............................
Destination choisie. Continent : .........
Pays : .....................................
Période souhaitée : ........................
```

2. Vous téléphonez pour avoir des renseignements. Remettez le dialogue dans l'ordre.

a. Vous :   – Qui peut participer à ce concours ?   . . . . . .

b. Secrétaire : – Le concours est ouvert à tous les jeunes de moins de 25 ans.   . . . . . .

c. Vous :   – Merci encore. Je vous envoie tout ça.   . . . . . .

d. Secrétaire : – Il faut renvoyer le formulaire rempli accompagné de votre projet avant
le 1ᵉʳ septembre.   . . . . .

e. Vous :   – Comment fait-on pour participer ?   . . . . .

f. Secrétaire : – Que voulez-vous savoir exactement ?   . . . . . .

g. Vous :   – Très bien.   . . . . . .

h. Secrétaire : – Tout dépend de la nature de votre projet.   . . . . . .

i. Vous :   – J'aimerais avoir des renseignements sur le concours que vous organisez. . . . . . .

j. Secrétaire : – Dans quel pays voulez-vous partir ?   . . . . . .

k. Vous :   – Je ne sais pas exactement mais dans un pays francophone du continent africain.
Combien de temps peut durer le voyage ?   . . . . . .

l. Secrétaire : – Bonjour.   . . . 1 . .

3 **Vous souhaitez déposer un dossier pour obtenir une bourse d'études. Vous vous informez auprès du secrétariat de votre université. Trouvez la question correspondant à chaque réponse donnée.**

1. – . . . . ?

– Oui, bien sûr. Comment puis-je vous aider ?

2. – . . . . ?

– Il suffit de remplir le formulaire.

3. – . . . . ?

– Oui, pour compléter votre dossier, j'ai besoin de votre CV et d'une lettre de motivation.

4. – . . . . ?

– Cette année, la date limite de remise du dossier est fixée au 6 mai.

4 **Françoise a laissé sa lettre dehors et la pluie a effacé certains mots. Aidez-la à retrouver les mots ou groupes de mots qui manquent.**

Monsieur,

████████ participer au ████████ que vous organisez. Je fais des études de médecine et je m'intéresse depuis peu aux

danses traditionnelles. En Turquie, j'ai pu voir un spectacle des Derviches tourneurs. Il s'agit de danser en tournant

lentement, puis très vite. J'ai ████████ d'écrire un livre qui retrace les actions bénéfiques de ces danses d'un point de

vue médical. Mon ████████ est de faire connaître aux professionnels de la santé un autre aspect de la médecine.

En vous remerciant, je vous présente mes ████████ distinguées.

Françoise Polat

GRAMMAIRE

L'interrogation

1 À l'aide des éléments suivants, vous posez une question selon la situation demandée. Puis, vous répondez à la question.

1. **standard :** vous / vouloir / savoir = *Qu'est-ce que vous voulez savoir ?*

   formel : vous / vouloir / savoir = ...

   familier : vous / vouloir / savoir = ...

   réponse = ...

2. **standard :** où / vous / vouloir / aller = ...

   formel : où / vous / vouloir / aller = ...

   familier : où / vous / vouloir / aller = ...

   réponse = ...

3. **standard :** combien de temps / vous / vouloir / rester = ...

   formel : combien de temps / vous / vouloir / rester = ...

   familier : combien de temps / vous / vouloir / rester = ...

   réponse = ...

2 Complétez les questions avec le mot interrogatif qui convient. *(Plusieurs réponses sont parfois possibles.)*

1. .... part avec toi en voyage ?

2. .... pars-tu ?

3. .... tu pars en Turquie ?

4. .... feras-tu pendant tes vacances ?

5. .... est ton projet ?

6. .... est-ce que tu y vas ?

3 Trouvez un maximum de questions pour chacune des réponses, comme dans l'exemple.

Exemple : Dans un mois, mon frère ira dans les montagnes pour réaliser un film sur les alpinistes.
→ *Quand ton frère ira-t-il dans les montagnes pour réaliser un film sur les alpinistes ?*
→ *Où est-ce que ton frère ira pour réaliser un film sur les alpinistes ?*
→ *Ton frère va réaliser un film sur quoi ?*

1. Paul prend des informations à l'agence de voyage pour aller en Espagne.
2. Mila veut partir en Australie pour faire un documentaire sur les koalas.
3. Zohra a le projet de partir en Inde. Elle part le 4 septembre et reviendra dans trois mois.
4. Pour réaliser son projet de voyage, Arthur a besoin d'un financement de 1 200 euros.
5. Ils sont deux à vouloir partir en Chine en train pour faire un reportage photo.

L'hypothèse (1)

4 Mettez les verbes au présent ou au futur.

1. Vous .... (pouvoir) vous inscrire par mél, si vous le .... (souhaiter).

2. Elles .... (avoir) des renseignements, si elles .... (téléphoner) à ce numéro.

3. Si tu .... (ne pas remplir) les conditions, tu .... (ne pas être) sélectionné.

4. La secrétaire est très gentille, si tu lui .... (poser) des questions, elle te .... (répondre).

5. Si je .... (aller) en Bolivie, je .... (être) très heureux mais si je .... (être choisi)

pour le Mexique, cela me .... (plaire) aussi.

5 **Faites des phrases à l'aide des éléments proposés, comme dans l'exemple.**

Exemple : la contacter – vouloir plus d'informations → *Si tu veux plus d'informations, tu la contacteras.*

1. avoir un bon dossier – gagner le concours → ....

2. réussir son examen – partir en vacances → ....

3. rédiger mon CV – envoyer mon dossier → ....

4. gagner de l'argent – réaliser mon projet → ....

6 **Regardez ces dessins, puis émettez des hypothèses, comme dans l'exemple.**

Exemple : → *Si je vais en France, je visiterai la tour Eiffel.*

1. → ....

2. → ....

3. → ....

Les verbes *connaître* et *savoir*

7 **Complétez le dialogue avec *connaître* ou *savoir*. (Attention à conjuguer correctement le verbe !)**

– Je .... qu'avec Karine tu participes au concours. Mon oncle .... bien le Directeur

du concours. Je peux lui en parler si tu veux, il pourrait vous aider.

– Non, merci. Nous .... bien que c'est difficile de gagner le concours mais nous ....

aussi que nous avons toutes nos chances. Je .... rédiger un projet, je .... mon

sujet et Karine .... très bien la région. De plus, elle .... très bien utiliser un appareil

photo et elle .... conduire.

– Comme tu veux, Monsieur je .... tout !

8 **Terminez ces phrases.**

1. Les enseignants savent ....

2. Je pense que les membres du jury ne connaissent pas ....

3. Tu crois qu'il sait ....

4. Connais-tu ....?

1 📖 ▶ Livre de l'élève p. 20 **Réécoutez. Écrivez une phrase qui résume l'activité de chacun des interviewés.**

1. Rachel : ....

2. Arthur : ....

3. Chloé : ....

2 **Choisissez le thème que vous préférez et rédigez un petit texte.**

On ne peut plus s'en passer et pourtant...

– Comment se déplaçait-on dans les années 1950 ?

– Comment s'informait-on avant l'apparition de la télé ?

– Comment s'organisaient les journées sans électricité ?

– Comment communiquait-on sans téléphone portable ?

– Comment travaillait-on sans ordinateur ?

```
................................
................................
................................
................................
................................
```

3 **Votre magazine préféré fait une enquête sur les bons moments de l'enfance.**

1. Chacun des personnages raconte un souvenir. Associez dans le tableau les phrases aux images.

a.   b.   c.   d.   e.

1. Je me souviens quand je partais à la pêche au petit matin avec mon père.
2. Quand j'étais enfant, ma mère préparait des confitures alors que je ramassais les mûres.
3. À cette époque, j'adorais cuisiner avec ma mère et mes sœurs.
4. À la nuit tombée, je partais seule pour regarder le soleil se coucher sur l'océan.
5. Tous les jours, on allait se promener dans les bois à la sortie de l'école.

1.	2.	3.	4.	5.
......	......	......	......	......

2. Vous décidez d'envoyer votre témoignage par mél. En quelques lignes, vous racontez un bon souvenir de votre enfance.

4 📖 ▶ Livre de l'élève p. 21 **Relisez les deux témoignages. Vrai ou Faux ?**

	Vrai	Faux
1. Marine a renoncé à son projet de devenir tailleur de pierre.	☐	☐
2. Les parents de Marine n'ont jamais accepté son choix.	☐	☐
3. Les parents de Marine sont professeurs.	☐	☐
4. Olivier a été inscrit à la fac de chimie pendant 3 ans.	☐	☐
5. Olivier était un très bon étudiant.	☐	☐
6. Olivier est autodidacte : il n'a pas suivi de cours pour devenir nez.	☐	☐

5 **Des métiers peu communs !**
Imaginez, sur une feuille à part, le parcours de ces personnes ; aidez-vous du vocabulaire fourni.

MINA, SOUFFLEUR
actrice – timide – vocation – théâtre – discrète – école – aider

BENJAMIN, ACCORDEUR DE PIANOS
résultats – métier – grand-père – apprendre – solfège – guitare – passion – oreille

ÉLISA, GOÛTEUR
sciences – notes – gourmandise – gastronomie – exercer – odorat – mère

LOLI, ASTRONOME
collège – étoiles – biologie – réussir – nature – monde – meilleure – origine

6 **Parlez de vous...**
Vous êtes célèbre. Un magazine vous a contacté car il veut écrire un article sur vous.
Vous racontez votre histoire sur une feuille à part.

7 **Vous participez à une journée d'information avec des professionnels. Choisissez un métier que vous aimeriez exercer et préparez des questions à poser sur ces professions et sur les études/ formations à suivre.**

Exemple : *Météorologue*

– Est-ce que je dois faire des études de géographie ? ....
– Combien d'années d'études... ? ....
– Faut-il parler anglais ? ....

....

....

....

– agent immobilier ....

– agriculteur ....

– comptable ....

– photographe ....

– diplomate ....

– bibliothècaire ....

– guide-interprète ....

....

GRAMMAIRE

L'imparfait

1 **Mettez les verbes à l'imparfait.**

Avant de terminer mes études, je .... (vouloir) faire un séjour à l'étranger. Pour moi,

c'................. (être) une bonne occasion de me perfectionner. Il y .... (avoir) des stages.

Je .... (présenter) un dossier chaque année mais ma candidature .... (être) toujours refusée.

La quatrième année, je n'y .... (croire) plus, j'................... (être) découragé mais

j'ai obtenu un stage de huit mois à Londres ! J'............ (avoir) raison d'insister, non ?

2 **Réécrivez le texte suivant à l'imparfait.**

J'ai (.................) une maman unique. Elle reste (.................) à la maison pour s'occuper de moi.

Elle s'appelle (...................) Nicole mais moi je l'appelle (.....................) maman. Parfois,

quand on est (..................) au parc, un enfant crie (......................) « maman » et elle se

retourne (..................). Moi, ça ne me plaît (..................) pas du tout... À l'école maternelle,

j'impressionne (............) tout le monde avec mes talents de lecture. Maman m'apprend (.................)

à lire tous les soirs. Je lis (..................) tout, même les journaux. Les jours de la semaine, papa n'est

(.................) pas là parce qu'il travaille (...................) loin. Quand il rentre (.................)

le vendredi soir, il joue (.................) avec moi. Nous sommes (..............) une famille formidable !

L'accord du participe passé

3 **Mettez les verbes au passé composé** *(attention aux accords).*

Soigne ton look !

Quand Sophie .... (passer) la porte, elle .... (rencontrer) la secrétaire,

une femme très élégante qui l'................... (regarder) de la tête aux pieds. Elle l'...................

(présenter) aux autres employés en riant, puis elle l'................... (accompagner) chez la Directrice.

Elles .... (discuter). Madame Fontaine lui .... (poser) des questions sur ses études,

ses goûts vestimentaires et elle lui .... (demander) pourquoi elle voulait travailler

dans la mode. Sophie lui .... (expliquer) ses motivations qui lui .... (plaire)

immédiatement. La Directrice lui .... (annoncer) qu'elle correspondait au poste.

Sophie .... (sourire) à la secrétaire et lui .... (dire) : « À bientôt ! ».

4 **Relisez le texte ci-dessus. Comment avez-vous écrit les verbes suivants ? Justifiez.**

1. regarder → *« regardée » : le participe passé s'accorde avec le COD placé avant le verbe.*

2. présenter → ....

3. discuter → ....

4. poser → ....

Les indicateurs temporels (1)

5 **Vous cherchez un cours de français pour un ami. Vous téléphonez à plusieurs écoles pour demander des informations. À l'aide des notes que vous avez prises, écrivez un mél à votre ami pour lui donner toutes les explications.**

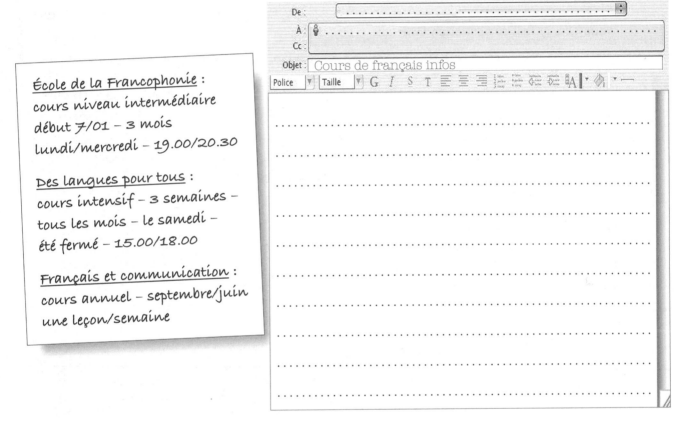

École de la Francophonie :
cours niveau intermédiaire
début 7/01 – 3 mois
lundi/mercredi – 19.00/20.30

Des langues pour tous :
cours intensif – 3 semaines –
tous les mois – le samedi –
été fermé – 15.00/18.00

Français et communication :
cours annuel – septembre/juin
une leçon/semaine

De : ....

À : ....

Cc :

Objet : Cours de français infos

6 **Complétez les phrases avec *de... à, en, dans, du... au*.**

1. La rentrée des classes a toujours lieu .... septembre.

2. Enfin, on est .... vacances ! On va pouvoir se reposer. La rentrée, c'est .... trois semaines.

3. Chaque année, je vais passer quinze jours à la montagne. En général .... 1er .... 15 février.

4. .... juin dernier, j'ai terminé mes études et, ... deux mois, je vais commencer à chercher un emploi.

5. .... juin .... septembre, il fait tellement chaud que les gens vont travailler plus tôt le matin.

6. .... dix ans, l'eau sera une grande richesse.

7. J'ai travaillé pour une entreprise privée .... 1990 .... 1996, puis j'ai arrêté de travailler et, ... 1998, j'ai passé un concours pour entrer dans la fonction publique.

8. Tu devrais aller te coucher, tu te lèves .... trois heures.

Vocabulaire

1 Complétez le texte avec les mots suivants :

s'agit de – participer – lettre de motivation – reportage – date limite d'inscription – candidature – documentaire – concours – avez envie.

.... « Des jeunes dans le vent » :

Il .... réaliser un .... photo ou un film ....

Si vous .... de .... , il faut présenter votre ....

avant la ....

Votre dossier doit comporter un CV et une ....

2 Qui dit quoi ?

	L'étudiant	La secrétaire
1. Jusqu'à quand peut-on s'inscrire ?	☐	☐
2. Quel doit être le parcours professionnel pour participer ?	☐	☐
3. Vous avez donc l'intention de voyager.	☐	☐
4. La Fondation propose de financer entièrement le projet gagnant.	☐	☐
5. Ça a l'air intéressant comme idée !	☐	☐
6. Tout y est expliqué.	☐	☐
7. Ce projet est coûteux mais nous motive beaucoup.	☐	☐
8. Il s'agit de découvrir une autre culture.	☐	☐
9. L'objectif est de développer la créativité des jeunes.	☐	☐
10. Un dossier de candidature doit être envoyé avant le 1er septembre.	☐	☐

3 Associez les noms de métiers aux images.

1. médecin
2. électricienne
3. directrice d'école
4. architecte
5. gardienne d'immeuble
6. maire
7. couturière
8. masseuse
9. écrivain
10. maçon

a.
b.
c.
d.
e.

f.
g.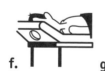
h.
i.
j.

4 Retrouvez dans la grille les noms de métiers qui se cachent. Attention, les mots peuvent se trouver dans tous les sens.
Entourez les 10 lettres qui restent pour découvrir le métier mystérieux.

→ _ _ _ _ _ _ _ _ _ _

N	E	I	D	R	A	G	B	M	C
O	E	P	L	O	M	B	I	E	R
P	R	O	F	M	A	O	J	C	U
I	E	S	R	A	C	U	O	A	E
L	H	T	D	N	O	L	U	N	F
O	C	I	O	C	N	A	T	I	F
T	U	E	T	I	N	N	I	C	U
E	O	R	A	E	N	G	E	I	A
I	B	E	X	R	R	E	R	E	H
M	I	N	I	S	T	R	E	N	C

5 L'imprimeur a oublié des mots dans ces offres d'emploi. Complétez-les à l'aide des mots suivants :
*expérience – salaire – hébergement – sérieux – références –
serveuse – apprenti – augmentation – partiel – vendeuse.*

1.

Cherche jeune ....
pour restaurant côte d'azur. 2 mois
été. .... à disposition.

2.

Menuisier cherche ....
pour son atelier. Rigueur
et ....
Aucune .... exigée.
Travail à temps ....,
à l'année, rémunéré.

3.

Boutique de prêt-à-porter
cherche .... avec
expérience dans la vente.
.... souhaitées.
Bon .... avec
possibilité d' ....

6 Trouvez deux synonymes du mot *travail* et utilisez-les dans une phrase.

....

....

7 Associez les notes aux mentions :

1. 10/20 •   • **a.** très bien
2. 12/20 •   • **b.** passable
3. 14/20 •   • **c.** félicitations du jury
4. 16/20 •   • **d.** assez bien
5. 18/20 •   • **e.** bien

Phonie-graphie

8 Complétez la fin des mots avec *-ez, -er, -ées, -é.*

Si vous rêv...... de partir en voyage, nous sommes prêts à vous aid...... . Il faut remplir le fichi......

avec vos coordonn...... et il faut nous envoy...... votre candidature. Votre projet sera peut-être

sélectionn...... . Je tiens à vous souhait...... bonne chance !

9 Complétez les phrases avec *jeter, jetée, je t'ai.*

1. Quand les produits sont périmés, il faut les ....

2. Il est tard, ... dit d'aller te coucher !

3. Marc se promène souvent sur la .... : il aime regarder la mer.

10 Complétez les phrases avec *étais, étés, et tes.*

1. Au lycée, j'............ bon élève.

2. Tous les ...., je pars en Bretagne.

3. N'oublie pas ton bonnet .... gants pour partir skier.

1 📖 ▶ Livre de l'élève p. 26 **Relisez les deux offres de logement et complétez le tableau.**

	OFFRE 1	OFFRE 2
lieu		
prix		
surface de l'appartement		
surface de la chambre		
meublé		
salle de bains		
quartier		
le(s) colocataire(s) (nombre / âge / profession...)		

2 **Vous relisez le tableau ci-dessus et vous ajoutez les avantages (+) et les inconvénients (–). Choisissez une des deux offres et expliquez pourquoi.**

CHOIX : annonce ....

Justification : ....

....

3 **Regardez ces images. Ils cherchent l'appartement de leur rêve. Aidez-les à rédiger une petite annonce.**

1.   2.

Petite annonce 1 : ....

....

Petite annonce 2 : ....

....

4 📖 ▶ Livre de l'élève p. 26 **Réécoutez le dialogue et retrouvez le plan qui correspond à l'appartement de Fabienne et Arnaud. Justifiez votre choix.**

→ plan n°..... car ....

  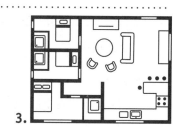

1.   2.   3.

5 Vous prêtez votre appartement à des amis. Avant de partir, vous écrivez un message pour leur souhaiter la bienvenue et leur donner quelques conseils sur l'appartement et le quartier.

> *Bienvenue chez nous !*
> *Voici quelques recommandations sur l'appartement :* ....
> ....
> *Vous verrez, le quartier est agréable.* ....
> ....
> *J'espère que vous passerez un bon séjour.*

6 Dessinez, sur une feuille à part, le plan de l'appartement qui correspond à cette description.

Notre appartement est génial. Ce n'est pas immense mais ça nous suffit. Il a deux chambres. Une grande pour nous avec un coin pour le bureau et une petite pour notre fils. Il y a une toute petite cuisine, mais cela ne nous dérange pas. De toute façon, nous mangeons tous les jours au salon, face à la cheminée. C'est agréable l'hiver. Et puis, pour l'été, nous avons une grande terrasse. Nous ne demandons rien de plus !

7 Vous partez en stage linguistique en France. Vous devez cohabiter avec trois personnes que vous ne connaissez pas pendant les deux mois d'été. Vous rédigez ensemble les 10 commandements de l'appartement.

1. *Laver sa vaisselle.*   6. ....
2. ....   7. ....
3. ....   8. ....
4. ....   9. ....
5. ....   10. ....

8 📖 ▶ Livre de l'élève p. 27 Relisez l'échange entre Aline et Hina et, sur une feuille à part, faites une description précise de l'appartement à Montréal et de la maison à Tahiti. Donnez aussi des indications sur la ville ou le quartier.

9 Regardez les photos. Alex et Luc veulent échanger leur logement pour les vacances. Ils se téléphonent. Écrivez leur dialogue sur le modèle de la page 27 du livre de l'élève.

Alex : ....

Luc : ....

Alex : ....

Luc : ....

Alex : ....

Luc : ....

GRAMMAIRE

Les pronoms relatifs simples

1 **Entourez le pronom relatif qui convient.**

1. Élise a choisi d'acheter l'appartement *qui / que / dont / où* elle a passé son enfance.

2. C'est l'appartement *qui / que / dont / où* je rêve.

3. Marc part vivre dans une maison *qui / que / dont / où* n'est pas très loin de chez toi.

4. C'est vraiment l'appartement *qui / que / dont / où* je préfère.

5. C'est une maison *qui / que / dont / où* n'est pas très grande mais *qui / que / dont / où* est très agréable.

2 **Terminez ces phrases.**

1. Natanaël veut vivre dans la maison qui ....

2. Clara n'aime pas les appartements où ....

3. Virginie a acheté l'appartement dont ....

4. Raphaël a loué une chambre dans une villa que ....

5. Ulysse adore les maisons ....

La mise en relief (1)

3 **Réécrivez le texte et supprimez les répétitions qui sont soulignées.**

Arcadie habite maintenant dans une maison. C'est une <u>petite maison</u>. Cette <u>petite maison</u> n'est pas très loin de la mer. C'est une <u>petite maison</u>. Elle se sent bien dans cette <u>petite maison</u>. C'est tout simplement la <u>petite maison</u>. Elle rêvait de cette <u>petite maison</u> depuis des années. Maintenant elle est heureuse, rien ne lui manque dans sa petite maison, sauf l'espace !

....

....

....

....

4 **Mettez l'élément souligné en relief, comme dans l'exemple.**

Exemple : Nathalie se sent bien dans ce <u>village</u>. → *C'est un village où Nathalie se sent bien.*

1. Luc a loué une <u>chambre</u>. → ....

2. Marie a grandi dans cette <u>ferme</u>. → ....

3. Cette <u>ferme</u> se trouve dans le Sud de la France. → ....

4. Je te parle de ce <u>garçon</u>. → ....

La comparaison

5 **Transformez les phrases, comme dans l'exemple.**

Exemple : femmes / hommes / aimer la campagne
→ *Les femmes aiment autant la campagne que les hommes.*

1. Sarah / Thomas / aimer la mer → ....

2. enfants / adultes / faire du vélo → ....

3. personnes âgées / jeunes / habiter en ville → ....

4. il y a / soleil / Marseille / Rome → ....

6 **Complétez avec le comparatif qui convient.**

1. À Montréal, il fait .... froid .... à Tahiti mais il y a .... de festivals.

2. Le vélo, c'est .... pratique .... la voiture pour circuler en ville, il y a ....
de problèmes de circulation.

3. À Tahiti, on vit .... dans le jardin .... à Montréal.

4. Il y a .... d'avantages à Montréal .... à Tahiti.

7 **Observez ces deux images et complétez le texte.**

Chez Cécile **Chez Karim**

Chez Cécile, c'est plus .... que chez Karim. C'est plus ...., mais c'est moins

.... C'est aussi .... que chez Karim. Chez Karim, c'est moins ....

mais c'est autant ....que chez Cécile.

8 **Comparez :**

1. deux restaurants → ....
....

2. deux enseignants → ....
....

3. deux films → ....
....

4. deux villes → ....
....

COMPRENDRE ET *Agir*

1 📖 ▶ Livre de l'élève p. 30 **Réécoutez le dialogue, puis cochez la bonne réponse.**

1. Hélène a...
- ☐ deux sœurs.
- ☐ ni frère, ni sœur.
- ☐ un frère.
- ☐ On ne sait pas.

2. Hélène dit qu'à la ferme...
- ☐ il n'y avait vraiment rien à faire.
- ☐ il fallait travailler pour aider les grands-parents.
- ☐ il y avait plein d'activités, de jeux dans la nature.
- ☐ il pleuvait tout le temps et ils restaient dans le grenier.

3. En 1993, Hélène était...
- ☐ au collège.
- ☐ au lycée.
- ☐ à la fac.
- ☐ On ne sait pas.

4. À Londres, Hélène...
- ☐ habitait seule.
- ☐ logeait dans un pensionnat.
- ☐ était dans un appartement en collocation.
- ☐ avait une chambre en cité universitaire.

2 **Observez les images.**

1. Regardez l'image B puis l'image C et dites ce qui a changé chez Hélène.

. . . .

. . . .

2. Décrivez l'image A et imaginez ce que fait Hélène aujourd'hui.

. . . .

. . . .

3 **Les copains de la fac ont bien changé...**

Gérôme, l'excentrique. Il portait des vêtements très colorés, il avait toujours pleins d'idées bizarres, il écoutait de la musique que personne ne connaissait…	**Lisa, l'écolo.** Elle rêvait d'un monde meilleur, de propreté dans les villes et de pollution « 0 ». Elle nous enseignait toujours comment recycler, trier les ordures, faire des économies d'énergie…	**Betty, le gourmet.** Elle avait toujours faim. Elle organisait des super « bouffes » le week-end chez elle et c'était bien mieux qu'au resto ! Elle nous mitonnait des petits plats dignes d'un grand cuistot !

Complétez les phrases avec Gérôme, Lisa ou Betty.

Aujourd'hui...

1. . . . . collabore avec des associations pour sauver la planète.

2. . . . . s'est mise à son compte et a ouvert sa petite entreprise.

3. . . . . gagne beaucoup d'argent !

4. . . . . prépare des repas de gala à domicile.

5. . . . . aide le citoyen à être plus écologique.

6. . . . . a beaucoup d'acteurs et de chanteurs comme clients.

7. . . . . est créateur de costumes pour des spectacles.

4 📖 ▶Livre de l'élève p. 31 **Relisez le dialogue, puis cochez la bonne réponse.**

1. Choco.co vit encore chez ses parents parce que...
   ☐ il ne veut pas quitter sa famille.
   ☐ les loyers sont trop chers.
   ☐ il veut d'abord trouver du travail.
   ☐ chez papa maman, c'est le grand luxe.

2. Grand Large habite en coloc parce que...
   ☐ ses parents ne supportaient plus la cohabitation.
   ☐ il voulait être indépendant.
   ☐ comme il travaille il a donc les moyens de payer le loyer.
   ☐ c'est plus facile de vivre en colocation.

3. Choco.co et Ludo ont quelque chose en commun...
   ☐ ils ont besoin de conseils.
   ☐ ils vivent en coloc.
   ☐ ils habitent chez leurs parents.
   ☐ ils n'ont pas les moyens de payer un loyer.

4. Que sait-on d'@lpha ?
   ☐ Il est pour la cohabitation avec les parents.
   ☐ Il habite en coloc.
   ☐ Il a fait de longues études.
   ☐ Rien.

5 **Lisez ce synopsis du film *Tanguy* d'Étienne Chatiliez.**

> « *Tu es tellement mignon... Si tu veux tu pourras rester à la maison toute ta vie...* »
> 28 ans plus tard, Tanguy est toujours là. [...] Tanguy vit toujours chez ses parents et s'y trouve parfaitement bien.
> Et même si Paul [...] est le premier à plaisanter sur ce sujet en parlant de leur « grand bébé », tout ne semble qu'harmonie chez les Guetz.
> En apparence tout au moins...
> Car, en fait, Édith ne SUP-POR-TE plus Tanguy !

TANGUY

A 28 ANS, IL HABITE TOUJOURS CHEZ SES PARENTS

Quels conseils donneriez-vous à Paul et Édith, les parents de Tanguy ?

....

....

....

....

....

....

GRAMMAIRE

L'imparfait et le présent

1 Vous lisez ces données dans la rubrique « société » d'un magazine :

	Années 1970	Aujourd'hui
Âge moyen du départ de chez les parents	21 ans	24 ans
Âge moyen du mariage	23 ans	29/30 ans
Âge moyen à la naissance du 1er enfant	26,7 ans	29,4 ans
% de divorces	22,3 %	38,7 %
% de chômage	– de 6 %	11,8 %

Vous écrivez à un ami et vous commentez ces chiffres. Vous utiliserez le présent et l'imparfait.

Exemple : Dans les années 1970, l'âge moyen de départ de chez ses parents était de 21 ans, aujourd'hui il est de 24 ans.

....

....

....

....

2 Vous avez longtemps vécu chez vos parents, aujourd'hui vous apprenez à vivre seul(e) !
Mettez les verbes au temps qui convient, puis terminez les phrases.

Avant
- (ne pas faire) .... le ménage, ...
- (ne pas aller) .... en courses, ...
- (ne pas savoir) .... utiliser la machine à laver,   maintenant ....
- (ne pas pouvoir) .... inviter des amis, ...
- (ne pas mettre) .... la musique trop fort, ...

3 Avant... et après !
Choisissez un de ces endroits du passé :

- un lieu de vacances que vous avez adoré
- votre collège
- la maison des jeunes de votre quartier
- le bar de la fac
- la place du village de vos grands-parents
- ou un autre lieu de votre choix...

Vous êtes retourné(e) dans ce lieu, vous racontez cette journée dans votre journal intime.

....

....

....

Le conditionnel présent

4 **Transformez ces phrases avec le conditionnel comme dans l'exemple, pour respecter la politesse.**

Exemple : Il veut une information. → *Il voudrait une information.*

1. Je veux un rendez-vous immédiatement. → ....

2. On veut changer la décoration. → ....

3. Tu veux une salle de bains dans ta chambre. → ....

4. Nous voulons visiter l'appartement aujourd'hui. → ....

5. Elles veulent changer de coloc. → ....

5 **Exprimez un souhait. Faites six phrases avec ces verbes et ces propositions :**

aimer	voir le soleil de minuit
avoir envie de	apprendre le japonais
désirer	louer un appart avec des copains
vouloir	faire l'ascension de l'Éverest
plaire	rester jeune
souhaiter	vivre dans un igloo

1. ....

2. ....

3. ....

4. ....

5. ....

6. ....

6 **Votre amie ne supporte plus son coloc, donnez-lui quelques conseils.**

Tu .... (devoir) passer plus de temps dehors ; le soir, il .... (falloir) que tu sortes

davantage. Au lieu de rester toute la journée à travailler à l'appartement, il ....

(valoir mieux) que tu ailles réviser à la bibliothèque. Sinon, si tu préfères rester chez toi, tu ....

(pouvoir) changer de coloc !

7 **Donnez quelques conseils à ces personnes.**

1. Loïc est insolent avec son directeur : tu *devrais surveiller tes paroles.*

2. Raphaël fume un paquet de cigarettes par jour : tu ....

3. Max a pris 15 kg : tu ....

4. Lou veut arrêter ses études : tu ....

5. Karine ne sait parler aucune langue étrangère : tu ....

6. Greg est depuis trois heures en plein soleil : tu ....

Vocabulaire

1 **Lisez cette petite annonce et décodez toutes les abréviations.**

JF fr. ch. chbre. en loc. pr 3 mois. Apt 2 coloc. max. Chbre. grde avec SDB. ind. 15 m² mini.

....

....

2 **Vous aidez un ami à trouver l'appartement de ses rêves. Cochez la bonne annonce.**

1. Il veut un appartement pas cher.
- ☐ Grand standing, apt entièrement refait à neuf dans quartier branché.
- ☐ Modeste studette. Libre de suite. Prix à débattre.

2. Il veut un appartement calme.
- ☐ Superbe apt 1er étage. Commerces à prox. Quartier vivant.
- ☐ Pavillon dans banlieue tranquille. Offre à saisir pour les citadins.

3. Il veut un appartement moderne.
- ☐ 2 pièces ds immeuble récent. Toutes commodités. Ascenseur, gardien.
- ☐ Apt ds immeuble classé. Parquet, cheminée et moulures au plafond.

3 **Associez le mot à la définition qui lui correspond.**

1. studio •	• **a.** une maison individuelle
2. T2 •	• **b.** un groupe d'habitations d'un certain confort
3. F5 •	• **c.** une petite construction faite de matériaux grossiers
4. pavillon •	• **d.** un très petit appartement
5. loft •	• **e.** une maison de médiocre apparence
6. résidence •	• **f.** un deux-pièces
7. bicoque •	• **g.** un logement aménagé dans une ancienne usine
8. cabane •	• **h.** un grand appartement

4 **Reconstituez les phrases.**

Je vais...
- dans le salon
- sur le balcon
- dans la salle de bains
- dans la cuisine
- dans la salle à manger
- dans la chambre

pour...
- prendre le soleil
- dormir
- dîner
- prendre un verre
- regarder la télé
- me laver les dents

1. ....

2. ....

3. ....

4. ....

5. ....

6. ....

5 **Où sommes-nous dans la maison ?**

1. S _ L _ _ _ _ A _ _ _ R   **3.** _ H _ M _ _ _   **5.** _ A _ _ _ _ _ B _ _ _ S

2. _ U _ S _ _ E   **4.** T _ R _ _ _ _ E   **6.** _ _ R _ _ N

6 **Remettez ces phrases dans l'ordre.**

1. au / étage / nous / ans / sixième / cinq / habitons / depuis

→ ....

2. l' / très / coloc / dernière / sœur / ma / année / une / avait / sympa

→ ....

3. la / ma / la / mis / semaine / dernière / j' / dans / ai / télé / chambre

→ ....

4. jour / autre / place / de / changé / les / l' / j' / ai / tous / meubles

→ ....

7 **Mettez ces indicateurs temporels dans l'ordre chronologique.**

autrefois	il y a quelques années	hier	jadis
aujourd'hui	l'année dernière	avant-hier	la semaine passée

....

....

Phonie-graphie

8 **Vous recevez ce texto sur votre téléphone portable.**
Écrivez-le correctement.

....

....

....

....

....

....

160   1p   Abc

> Slt c moi. Je t apele ms
> personne. ta pa vu mon
> mess ? kes tu fé ?
> keskilia ? t ok pr 1 resto
> 2main avec AM ? tu px
> venir avec JP osi pa de
> pb. rdv m° a 20h. biz

options   insérer

9 **Complétez avec *c'est, s'est, sait, sais, ses, ces*.**

1. Je ne .... pas si .... un endroit qui pourrait te plaire.

2. Max .... retrouvé seul dans son appartement.

3. Il .... bien que cette maison est trop chère.

4. Élise achète tous .... tapis en Turquie.

5. Regarde ! J'adore .... meubles en bois.

6. .... vraiment joli toutes .... couleurs !

7. Elle .... bien que tous .... amis viendront la voir.

AutoÉvaluation

Je peux demander des informations
... / 7 points (1 point par réponse)

1 Complétez en utilisant les mots interrogatifs qui conviennent.

1. .... est l'objectif du concours ? .... peut participer ?

2. On gagne .... ? .... doit-on déposer le dossier ?

4. Vous voulez .... de copies ?

4. .... je peux envoyer mon dossier par la poste ?

5. .... vous ne me donnez pas une autre chance ?

Je peux rédiger une lettre de motivation
... / 4 points (0,5 point par place correcte)

2 Remettez la lettre dans l'ordre.

a.
Votre concours m'intéresse beaucoup.

b.
Lucie Rodriguez
4 rue des petites écuries
13001 Marseille

e.
Madame, Monsieur,

c.
Lucie Rodriguez

d.
Lors d'un voyage en Espagne, j'ai eu l'occasion de voir les traces laissées par les Maures en route vers la France. Depuis j'ai lu de nombreux ouvrages sur ce thème.

f.
Fondation Terre du Monde
6 rue des Saints Pères
75279 Paris Cedex 06

h.
J'ai l'intention de suivre cette route afin de réaliser un reportage photo. Mon objectif est d'exposer ensuite ces photos dans ma ville.

g.
Je vous remercie et j'espère que mon projet pourra vous intéresser.

1	2	3	4	5	6	7	8
.....	.....	.....	.....	.....	.....	.....	.....

Je peux utiliser les verbes *connaître* et *savoir*
... / 4 points (0,5 point par verbe)

3 Complétez en utilisant le verbe *connaître* ou *savoir*.

– Karim, tu .... bien que ton projet doit être développé.

– Mais je .... mon sujet et je ne .... pas si les membres du jury le .... aussi bien que moi.

– Tu ne peux pas te baser là-dessus, il faut .... le sujet mais il faut aussi .... le présenter.

– Je ...., je .... votre avis sur la question !

Je peux écrire une petite annonce
... / 4 points (0,5 point par abréviation)

4 Vous voulez louer un appartement de 35 m² dans un immeuble moderne avec un coin cuisine, une salle de bains indépendante et une chambre. Vous précisez que vous aimeriez trouver des commerces et un métro à proximité. Rédigez votre annonce avec les bonnes abréviations.

....

....

Je peux employer les pronoms relatifs simples
... / 4 points (1 point par phrase)

5 Transformez ces phrases à l'aide des pronoms relatifs simples : *qui, que, où, dont.*

1. J'ai visité un appartement. Cet appartement est près de chez toi.

→ ....

2. C'est un quartier sympa. Je connais bien ce quartier. → ....

3. C'est un quartier animé. J'allais souvent dans ce quartier quand j'étais étudiant.

→ ....

4. Mais dans cet appartement il y a beaucoup de meubles. Je n'ai pas besoin de ces meubles.

→ ....

Je peux parler au présent, au passé et au conditionnel
... / 9 points (1 point par verbe)

6 Mettez les verbes au temps qui convient.

À 16 ans, elle .... (commencer) à travailler dans un golf. Elle .... (devoir)

ranger le matériel des joueurs. C'.................. (être) difficile mais ça .... (payer)

bien. Ensuite, elle .... (obtenir) son diplôme de droit. Puis, elle .... (entrer)

dans une école d'avocats. Maintenant qu'elle .... (être) avocat, elle .... (aimer)

avoir plus de temps libre. Elle .... (devoir) prendre du temps pour elle et jouer au golf !

Je peux donner des conseils
... / 8 points (2 points par conseil)

7 Votre ami(e) souhaite vivre seul(e). Vous lui donnez des conseils :

1. Tu devrais ....

2. Ce serait bien de ....

3. Je te conseille de ....

4. Je te recommande de ....

⊃ Résultats : ... points sur 40

COMPRENDRE ET *Agir*

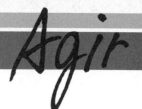

MODULE 2

Leçon 5

1 📖 ▶ Livre de l'élève p. 42 **Lisez ces accroches. Associez-les aux lieux correspondants.**

1. Habillez-vous chaudement, on va boire un verre ce soir ! •
2. Un retour vers le passé. •
3. Pour tester votre goût. •
4. Une activité en famille pour s'instruire. •
5. Un endroit incroyable..., près d'une cathédrale ! •

- **a.** Marché aux fleurs et aux oiseaux
- **b.** Palais de la découverte
- **c.** Ice Kube bar
- **d.** Les puces de Saint-Ouen
- **e.** Dans le noir

2 **Un ami a acheté un restaurant. Il vous demande d'annoncer la nouvelle dans le journal local. Rédigez une annonce.**

> ....
>
> ....
>
> ....
>
> ....

3 📖 ▶ Livre de l'élève p. 43 **Réécoutez le dialogue et retrouvez les expressions du même sens.**

1. Pourquoi pas... → ....
2. Je veux bien. → ....
3. Ça a l'air amusant. → ....
4. C'est bien trop cher. → ....
5. Ça ne me passionne pas vraiment. → ....
6. J'imagine que c'est beau. → ....
7. Ça ne me dit rien. → ....
8. Il y a mieux. → ....

4 **Vous recevez ce mél d'un ami. Vous refusez sa proposition et vous lui proposez une autre activité. Aidez-vous des documents de la page 31.**

✉ Envoyer maintenant   📨 🖺 🔗 ▾ 🗑 📎 ✐ ▾ 🗒 Options ▾   🎞 Insérer ▾ 📋 Catégories ▾

Salut !
Samedi prochain, j'organise une journée entre copains. On pourrait partir le matin
(pas trop tôt) pour aller pique-niquer sur les berges de la Garonne, puis aller voir
l'expo d'art moderne aux Augustins. En fin d'après-midi, apéritif chez Tonton,
place Saint-Pierre et, pour finir, diner au resto « La Devinière » rue des Blanchers.
Qu'en dis-tu ? Dis-moi si tu as une autre idée...
Tom

Arrête de pleurer Pénélope !
Comédie

*Une pièce à 3 personnages
de Christine Anglio, Juliette Arnaud
et Corinne Puget*

Du 28 Août au 27 octobre 2007

Du mardi au vendredi à 21 heures
et le samedi à 20 heures et 22 h 30

Trois jeunes femmes, liées par une amitié
qui vieillit mal, se retrouvent pour fêter
l'enterrement de la vie de jeune fille
d'une quatrième qui est en retard...

En savoir +

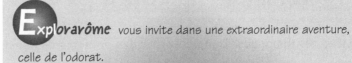

Exploravôme vous invite dans une extraordinaire aventure, celle de l'odorat.

La visite vous emmènera d'abord dans le **jardin des senteurs**...

Vous visiterez ensuite le **laboratoire** où les scientifiques créent des parfums.

Enfin, vous arriverez à la **salle d'exposition** où vous pourrez vous amuser à reconnaître différentes odeurs...

Renseignements : 05 61 83 66 34

✉ Envoyer maintenant ⏱ 📧 🔗 ▾ 🗑 📎 ✒ ▾ 📧 Options ▾ 🔀 🎞 Insérer ▾ ☰ Catégories ▾

. . . .
. . . .
. . . .
. . . .
. . . .
. . . .

5 Racontez dans votre journal intime votre week-end à l'aide de ces expressions :
très agréable – ~~beau temps~~ – original – marché – hors du commun – déçu –
trop de monde – pas assez de place – nul – mal organisé – très accueillant.

Samedi, il faisait très beau, le soleil brillait, je suis allé(e) . . . .

GRAMMAIRE

Les pronoms démonstratifs

1 **Lisez ces dialogues. Complétez avec les pronoms démonstratifs qui conviennent.**

1. *Au marché.*

– Je voudrais 1 kg de pommes.

– Les rouges ?

– Non, ... qui sont déjà dans l'emballage.

– Alors vous voulez les vertes ?

– Non !! ....

– Ah ! les jaunes ! et avec ça ?

– Un melon, ..., non plutôt .... derrière.

– Je vous donne .... qui coûtent le moins cher, deux pour le prix d'un et ils sont très bons !

– D'accord, combien je vous dois ?

2. *Entre amies.*

– Je peux mettre ta jupe à carreaux ?

– Non pas .... !

– .... alors ?

– Non, mets la rouge, si tu veux.

– .... que je t'ai offerte ?

– Oui, c'est ça.

– Et ce chapeau tu me le prêtes ?

– Non .... est neuf, je ne te le prête pas, regarde .... qui sont dans l'armoire.

Les pronoms interrogatifs

2 **Complétez ces phrases avec *lequel* et accordez correctement.**

1. Il y a deux comédies intéressantes ce soir à la télé. .... veux-tu voir ?

2. Je vous propose trois restos, parmi .... deux sont en plein centre-ville.

3. .... tu choisis, le musée d'art moderne ou celui sur l'Égypte antique ?

4. On veut lui offrir un abonnement dans un théâtre, mais on ne sait pas .... choisir.

5. Je te présente les amies avec .... je passe tous mes samedis soirs.

6. C'est un petit bistrot dans .... je vais souvent avec Antoine.

7. .... de ces expos sera encore ouverte le week-end prochain ?

8. Tu ne connais pas les copains avec .... on va dîner ce soir, mais c'est grave !

3 Complétez ce dialogue avec *qui* ou *que*.

– .... vient ce soir ?

– Je ne sais pas

– Et .... est-ce qui est organisé ?

– On dîne tous ensemble.

– Ah bon ?

– .... cuisine ?

– C'est Gérard

– .... est Gérard, je le connais ?

– Mais oui, c'est le frère de Christian.

– .... fera-t-on après le dîner ?

– .... proposes-tu ?

– Ça dépend, ... a envie de sortir ?

– Tout le monde, je pense.

– .... dis-tu d'une soirée dans le café

en bas de chez moi ?

La suggestion

4 Faites des phrases, comme dans l'exemple.

Exemple : dernier film – aller – cinéma – voir – Costa Gavras – dimanche après-midi
→ *Si on allait au cinéma dimanche après-midi voir le dernier film de Costa Gravas ?*

1. plage – aller – se promener → ....

2. organiser – prochaines vacances → ....

3. billets – mercredi soir – prendre – concert – Zénith – Rita Mitsouko → ....
....

4. rue Saint-Martin – jouer – pub – fléchettes – irlandais – après le match → ....
....

5. réserver – places – opéra → ....

5 Imaginez le début de ces phrases. Vous utiliserez *si* + imparfait.

Exemple : *Si on allait voir à son bureau*, peut-être qu'il a laissé ses clés là-bas.

1. ...., je crois qu'il y a un petit concert ce soir.

2. ...., comme ça on mange avant d'aller au ciné.

3. ...., j'entends de la musique à l'intérieur.

4. ...., ça va bientôt fermer ici.

5. ...., on peut lire et boire un thé en même temps.

6. ...., j'ai pas envie d'y aller à pieds.

7. ...., il y a une super expo photos.

1 📖 ▸ Livre de l'élève p. 46 **Relisez les trois annonces.**

1. Complétez ce tableau.

	Annonce d'Élodie	Annonce de Patrick	Annonce de Cécile
Lieux	....	....	....
Vêtements	....	....	....

2. Relevez les éléments qui permettent de savoir si on s'adresse à un homme ou à une femme.

	Annonce d'Élodie	Annonce de Patrick	Annonce de Cécile
À un homme	....	....	....
À une femme	....	....	....

2 **Vous choisissez une de ces situations et vous rédigez le mél de réponse.**

1. L'amie d'enfance d'Élodie veut la revoir.

2. Le guitariste est intéressé par la proposition de Cécile mais il veut plus de détails pratiques sur sa fonction.

3. Le message que Fred a écrit s'adresse à ses anciens camarades de classe. Néanmoins, un ancien professeur lui répond.

📧 Envoyer maintenant 🔖 📑 🔗 ▾ 🗑 📎 ✏ ▾ 🖼 Options ▾ ⇄ 🖼 Insérer ▾ ☰ Catégories ▾

....
....
....
....
....

3 **Coup de foudre !**

Vous avez rencontré une personne dans le bus. Depuis vous pensez à lui/elle. Vous rédigez une annonce pour le/la retrouver.

....
....
....
....

4 📖 ▶ Livre de l'élève p. 47 **Relisez la fiche de Frédéric Janteau. Vrai ou Faux ?**

	Vrai	Faux
1. Frédéric déteste le jazz.	☐	☐
2. Il aime faire la cuisine.	☐	☐
3. Il ne lit que des romans d'amour.	☐	☐
4. Il fait de la plongée sous-marine en hiver.	☐	☐
5. Mambo est son chien.	☐	☐

5 📖 ▶ Livre de l'élève p. 47 **Réécoutez le dialogue et dites ce qui a changé dans la vie de Frédéric.**

Avant, il ....

Maintenant, il ....

6 **Vous voulez retrouver vos camarades de classe. Vous avez mis une annonce. Vous recevez ce mél. Répondez à Carine.**

📨 Envoyer maintenant 🖅 🖳 ✎ ▾ 🗑 🖊 ✐ ▾ 🖳 Options ▾ 🗏 🎞 Insérer ▾ 📋 Catégories ▾

Salut,
Je suis super contente d'avoir retrouvé ta piste. En fait, je regardais distraitement les annonces quand j'ai lu la tienne. Je me rappelle très bien que tu étais dynamique, sociable, sympathique... Je sortais souvent avec le même groupe d'amis que toi.
Tu te souviens ? Tu sais ce qu'ils sont devenus ?
Moi, maintenant je suis prof de sport en région parisienne et toi, que fais-tu exactement ?
Tu as eu d'autres réponses à ton annonce ? Ça serait sympa de tous se retrouver, non ?
Bon, j'attends de tes nouvelles !
À bientôt,   Carine Poulet

📨 Envoyer maintenant 🖅 🖳 ✎ ▾ 🗑 🖊 ✐ ▾ 🖳 Options ▾ 🗏 🎞 Insérer ▾ 📋 Catégories ▾

....

....

....

....

....

7 **Grâce à une association d'anciens élèves, vous retrouvez vos amis d'école dix ans après. Racontez ce qu'ils sont devenus.**

– Celle qui était la première en classe : ....

....

– Celui qui faisait toujours rire tout le monde : ....

....

GRAMMAIRE

Les indicateurs temporels (2)

1 **Complétez les phrases avec *depuis, pendant, il y a*.**

1. J'attends son mél .... une semaine.

2. .... dix ans que je ne l'ai pas vu.

3. Je l'ai regardé .... 5 minutes et je l'ai reconnu.

4. Je l'ai croisé dans le métro .... trois jours.

5. Je l'ai écouté jouer .... une heure.

6. .... qu'ils se sont retrouvés, ils ne se quittent plus.

2 **Utilisez *depuis, pendant, il y a* pour terminer les phrases.**

1. Marie ne l'a pas revu ....

2. Tu ne joues plus au hand-ball ....

3. Après la dispute, il ne m'a plus parlé ....

4. Nous sommes revenus ....

5. Je reste dans le Sud ....

L'imparfait et le passé composé

3 **Dans ces phrases, soulignez l'élément (jeune fille / téléphone) qui présente le contexte, puis entourez l'élément qui raconte un événement.**

1. La jeune fille traversait la rue quand son téléphone a sonné.

2. La jeune fille a traversé la rue quand son téléphone sonnait.

4 **Un ancien camarade a répondu à Frédéric. Mettez les verbes à l'imparfait ou au passé composé.**

Salut Fred !

Quelle surprise de trouver ton mél ! Je te .... (reconnaître) tout de suite, d'après

la photo tu .... (ne pas trop changer). Le sport, ça conserve ! Si tu te souviens bien

nous .... (être) ensemble en classe de Première. Nous .... (jouer) au foot

et au hand-ball après les cours et nous .... (aller) souvent à des concerts de rock,

avec nos copains. J'espère te voir bientôt.

Jean

5 **Utilisez les éléments donnés pour raconter au passé.**

1. *Patrick et Rosalie se rencontrent :*
~~se donner rendez-vous dans un bar~~ – boire un verre – parler de littérature et de leur métier – avoir
des points communs – être contents – aller dîner au restaurant – se dire au revoir à la station de taxi

Patrick et Rosalie se sont donné rendez-vous dans un bar. Ils ....

....

....

2. *Caroline et Michel se sont retrouvés :*
s'être perdus de vue après le lycée – faire des études de sport – participer à un tournoi – être entraîneur de l'équipe – être arbitre – se reconnaître – tomber amoureux – se revoir – se marier

....

....

....

Le passé composé avec *être*

6 **Entourez la forme qui convient.**

1. *Je suis / J'ai* sorti le lait du frigo.
2. Nous *sommes / avons* sortis tous les soirs.
3. Ils *sont / ont* monté les livres au grenier.
4. Il *est / a* monté dans l'ascenseur.
5. Nous *sommes / avons* vite descendus.

6. Il *est / a* descendu l'escalier à toute vitesse.
7. Tu *es / as* retourné la crêpe ?
8. Vous *êtes / avez* retournés à Marseille ?
9. Ils *se sont / ont* rencontrés hier soir.
10. Nous *sommes / avons* rencontré ta sœur.

7 **Écrivez la biographie de ce personnage connu et devinez de qui on parle.**

naître en 1926 aux États-Unis – aller à Hollywood – devenir actrice – jouer avec les plus grands acteurs – avoir une liaison avec un célèbre homme politique célèbre – mourir en 1962 – entrer dans la légende

....

....

....

....

C'est ....

Les indéfinis (1)

8 **Associez l'indéfini à son contraire.**

1. Personne n'a changé. •
2. Rien n'a changé. •
3. Aucun n'a changé. •

a. • Quelque chose a changé.
b. • Quelqu'un a changé.
c. • Ils ont tous changé.

9 **Répondez aux questions.**

1. Il a dit quelque chose ?   Non, ...

2. Tu as vu quelqu'un ?   Non, ...

3. Vous avez des amis ici ?   Non, ...

4. Quelqu'un est venu ?   Non, ...

Vocabulaire

1 **Retrouvez les synonymes de ces expressions familières. Associez-les.**

1. prendre un pot •
2. se faire une toile •
3. sortir avec des copains •
4. s'éclater •
5. se faire une bouffe •

• **a.** partager un repas
• **b.** aller au ciné voir un film
• **c.** boire un verre
• **d.** passer une soirée entre amis
• **e.** faire les fous, s'amuser

2 **Donnez les définitions de ces expressions et employez-les dans une phrase.**

1. se retrouver = ...

→ ....

2. se perdre de vue = ...

→ ....

3. disparaître de la circulation = ...

→ ....

4. tomber sur quelqu'un = ...

→ ....

3 **Trouvez les contraires des verbes et expressions suivantes.**

1. rentrer ≠ ....
2. descendre ≠ ....
3. se mettre debout ≠ ....
4. faire la tête ≠ ....
5. douter ≠ ....

6. se taire ≠ ....
7. cacher ≠ ....
8. faire beau ≠ ....
9. être vide ≠ ....
10. être en forme ≠ ....

4 **Trouvez les verbes qui correspondent aux mots suivants.**

1. des retrouvailles → ....
2. une rencontre → ....
3. une proposition → ....
4. une permission → ....
5. une discussion → ....
6. une invitation → ....

5 Associez. *(Plusieurs réponses sont possibles.)*

1. un copain
2. un collègue
3. un ami
4. un camarade
5. un petit-ami
6. un supérieur
7. un amant
8. un concurrent
9. un coéquipier
10. un adversaire
11. un proche

a. travail
b. amitié
c. amour
d. sport
e. école
f. famille

6 Complétez avec le verbe qui convient : *se rappeler – se souvenir.*

1. Tu .... ce professeur ?

2. Il .... de sa jeunesse.

3. .... qu'elle était très belle.

4. Nous .... de notre victoire au championnat.

5. Nous .... la date de son anniversaire.

6. Il .... de son accident de ski alpin.

7. Je .... que je dois le revoir bientôt.

Phonie-graphie

7 Les sons [e] et [ɛ] ont disparu. Retrouvez leur forme graphique.

St.....phanie ..... all..... au march..... de son quarti....., place L.....pine. Elle voul..... achet.....

des fleurs. Elle s'..... promen..... dans les all..... mais elle n'a rien trouv..... qui lui plais..... .

Elle all..... rentr..... chez elle sans fleurs quand elle a rencontr..... par hasard, devant le bijouti.....

Fr.....d.....ric, un ami du lyc..... Kl.....ber. Ils ont discut..... devant un caf..... et se sont donn.....

rend.....-vous le dimanche d'apr..... pour all..... ensemble au march..... !

8 Barrez l'intrus. Puis donnez une définition des mots que vous ne connaissez pas.

1. cent / sang / sens / sans ➞ ....
....

2. mais / maïs / mets / mai ➞ ....
....

3. vent / vin / vingt / vînt ➞ ....
....

COMPRENDRE ET *Agir*

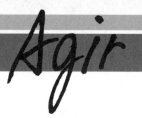

1 📖 ▶ Livre de l'élève p. 52 **Réécoutez l'interview et notez les 8 aliments dont parle le Docteur. Mange-t-on « trop » ou « pas assez » de ces aliments ?**

Aliments	Trop	Pas assez
1.	☐	☐
2.	☐	☐
3.	☐	☐
4.	☐	☐
5.	☐	☐
6.	☐	☐
7.	☐	☐
8.	☐	☐

2 **Vous expliquez les origines et les causes de ces constats.**

Exemple : On constate que la population grossit. → *Cela vient d'une mauvaise hygiène de vie.*

1. On constate que les gens mangent moins en famille. → ....

2. On remarque que les gens lisent de moins en moins. → ....

3. On remarque que le climat se réchauffe. → ....

3 **Et vous ? Quel mangeur êtes-vous ?**

1. Quel est l'aliment que vous préférez ?

....

2. Vous êtes plutôt salé ou sucré ?

....

3. Quel est le repas de la journée que vous préférez ?

....

4. Que mangez-vous le matin au petit-déjeuner ?

....

4 **Vous invitez des amis à dîner. Vous écrivez le menu.**

Entrée : ....

Plat : ....

Dessert : ....

5 📖 ▶ Livre de l'élève p. 53 **Relisez les trois textes. Associez les phrases aux textes correspondants.**

- **a.** Les stars : des modèles pour les jeunes.
- **b.** Les adolescents sont influençables.

Texte 1 ●

- **c.** Les photos des stars sont modifiées.

Texte 2 ●

- **d.** Nous ne nous voyons pas tels que nous sommes.

Texte 3 ●

- **e.** L'essentiel est de s'accepter.
- **f.** Les parents doivent aider leurs enfants.
- **g.** Vouloir changer son physique rend parfois malade.
- **h.** Être bien dans sa peau aide à être en bonne santé.

6 **Résumez l'idée générale de chaque texte en une phrase.**

Texte 1 : ....

Texte 2 : ....

Texte 3 : ....

7 **Vous avez reçu un mél de votre amie Camille. Vous n'êtes pas d'accord avec elle. Vous lui répondez et lui donnez des conseils pour qu'elle change d'avis.**

📧 Envoyer maintenant 📨 📋 🔗 ▾ 🗑 📎 ✒ ▾ 📧 Options ▾ 🔁 🎬 Insérer ▾ 📋 Catégories ▾

Salut,
Tu sais, je ne te l'ai jamais dit mais je pense depuis longtemps à la chirurgie esthétique. Je suis complexée par mon physique. Je ne veux plus être mal dans ma peau. Donc c'est décidé. J'ai déjà pris rendez-vous avec le médecin. Je vais me faire opérer pour avoir des lèvres plus importantes. Je voulais te le dire avant l'opération.
Bises
                                                                                                    Camille

📧 Envoyer maintenant 📨 📋 🔗 ▾ 🗑 📎 ✒ ▾ 📧 Options ▾ 🔁 🎬 Insérer ▾ 📋 Catégories ▾

....

....

....

....

8 **Vous participez à un blog sur le thème de la beauté. Des idées s'opposent : le physique est important/ le physique ne compte pas. Exprimez votre opinion.**

....

....

....

....

....

GRAMMAIRE

La cause

1 **Vrai ou Faux ? Lisez les phrases et cochez les bonnes réponses.**

	Vrai	Faux
1. « parce que » vient toujours en réponse à « pourquoi ».	☐	☐
2. « car » et « parce que » sont synonymes mais « car » est moins formel.	☐	☐
3. « comme » est toujours en début de phrase.	☐	☐
4. « à cause de » est négatif et « grâce à » est positif.	☐	☐
5. « puisque » introduit une nuance de conflit dans la réponse.	☐	☐
6. « puisque » et « parce que » sont synonymes.	☐	☐
7. « grâce à » est toujours suivi d'un verbe.	☐	☐

2 **Complétez le dialogue avec les expressions de cause qui conviennent.**

– Bonjour. Dites-moi pourquoi venez-vous ?

– .... je suis complexée. Je voudrais avoir des lèvres plus épaisses. Je vis mal ....

ça. Je ne peux plus me regarder dans un miroir.

– .... vous êtes venue me voir, je vais m'occuper de vous. Pour les lèvres, il n'y a aucun

problème. .... une nouvelle technique, les cicatrices sont invisibles. Mais dites-moi

quel âge avez-vous ?

– 17 ans.

– Alors c'est impossible, je ne peux pas vous opérer.

– C'est .... mon âge ?

– Oui, il me faut l'autorisation de vos parents. Au revoir Mademoiselle.

3 **Inventez une phrase avec chacune de ces expressions sur le thème de la malbouffe.**

Exemple : « parce que » → *On mange mal parce qu'on ne prend pas le temps de bien manger.*

1. « comme » → ....

2. « puisque » → ....

3. « grâce à » → ....

4. « à cause de » → ....

La quantité (1)

4 **Complétez les phrases avec les expressions qui expriment la quantité. Plusieurs réponses sont possibles.**

1. Ta tarte est très bonne, tu as mis .... vanille, non ?

2. Mon fils mange .... sucreries. Ce n'est pas bon pour sa santé.

3. On remarque que les Français mangent .... vite.

4. Tu n'as pas mis .... sucre. Il en faudrait encore ...., je crois.

5. Dans les aliments, il y a .... produits chimiques.

6. Je mange .... fruits.

5 Terminez les phrases suivantes.

1. Il a peu de temps ....

2. Il a un peu de temps ....

Le subjonctif présent (1)

6 Associez

1. Le médecin veut que... •

2. Il faut que... •

3. Il est nécessaire de... •

• **a.** manger équilibrer pour ne pas grossir.
• **b.** je me pèse toute les semaines.
• **c.** les enfants se lèvent tôt.
• **d.** tu fasses du vélo.
• **e.** Paul perde 5 kg.
• **f.** boire au moins un litre par jour.

7 Coralie veut perdre 3 kg. Voici les conseils de son médecin. Conjuguez les verbes.

Il faut que vous .... (boire) beaucoup, que vous .... (limiter) les féculents,

que vous .... (éliminer) tout le sucre, que vous .... (dormir)

bien, que vous .... (faire) du sport, que vous .... (venir) me voir toute

les semaines, que vous .... (se peser) tous les trois jours, que vous .... (savoir)

vous retenir devant une pâtisserie !

Il est nécessaire que vous .... (être) forte et que vous .... (vouloir) vraiment maigrir !

8 Sophie a fait une fête. La maison est sale. Sa mère lui dit ce qu'elle doit faire. Conjuguez les verbes.

Je veux que tu .... (éteindre) la radio, que tu .... (faire) la vaisselle,

que tu .... (nettoyer) les tapis, que tu .... (essuyer) la chantilly sur

les murs, que tu .... (ramasser) les papiers par terre, que tu .... (sortir)

le chien du placard, et que tu .... (finir) le plus vite possible !

Je veux que tu .... (savoir) où sont les limites et que tu .... (être) un peu responsable !

9 Votre meilleure amie est mal dans sa peau, elle se trouve trop grosse. Vous lui donnez des conseils (pour maigrir, pour s'accepter...) à l'aide des formes suivantes :
il faut que, il est nécessaire que, je veux que, je souhaite que, je désire que.

....

....

....

COMPRENDRE ET *Agir*

1 📖 ▶ Livre de l'élève p. 56 **Réécoutez le dialogue entre Julie et Xavier.**

1. Julie revient des courses. Il manque un ingrédient pour sa recette. Lequel ?

saumon   poivre
concombre   sel   tomates
oignon   huile d'olive
coco   carottes

Elle a oublié ....

2. Xavier a besoin d'ingrédients et d'instruments pour préparer sa recette. Regardez les images ci-dessous et dites ce qui lui manque.

Il a oublié ....

2 **À votre fête, tout le monde a apporté un plat.**

1. Amélie vous a donné une recette de dessert, mais elle a oublié de vous donner les ingrédients et les quantités. Ajoutez-les pour compléter la recette.

Fraîcheur de fruits rouges

Ingrédients :	Préparation :
– .... – .... – .... – .... – .... – .... –	Fouettez la crème liquide très froide, avec le sucre vanillé, en chantilly. Battez le fromage blanc avec le zeste finement râpé du citron vert et du sucre en poudre. Incorporez délicatement la chantilly. Répartissez cette préparation dans les verres. Rincez et essuyez les fraises. Mixez-les avec les framboises, le reste du sucre en poudre et un filet de citron vert. Versez ce coulis dans les verres sur la préparation au fromage blanc. Réservez au réfrigérateur jusqu'au dernier moment. Servez très frais.

2. **Dieudonné, un ami sénégalais, vous donne la liste des ingrédients. Essayez de retrouver la recette.**

Boulettes de poisson à la kaolackoise

Ingrédients :

– 1 kg de tranches de gros poisson
– 500 g de tomates fraîches
– 1 morceau de pain
– 250 g d'oignons
– 1 bouquet de persil
– 1 gousse d'ail
– 1 piment vert
– 1 L d'huile végétale pour la friture
– 1 cuillère à café de vinaigre
– un peu de sel
– 1 pincée de poivre

Préparation :

....

....

....

....

....

....

....

3 **Vous êtes invité(e) à une fête. Vous préparez un plat original. Listez les ingrédients et écrivez la recette.**

Ingrédients :

....

....

....

....

....

....

....

....

Préparation :

....

....

....

....

....

....

....

....

4 📖 ▶ Livre de l'élève p. 57 **Relisez le quiz. Vrai ou Faux ?**

	Vrai	Faux
1. Il faut manger des pâtes avant de faire du sport.	☐	☐
2. Les Français mangent de plus en plus vite.	☐	☐
3. Notre cerveau peut nous dire immédiatement si nous avons encore faim.	☐	☐
4. Les Français ne mangent pas souvent du chocolat.	☐	☐
5. Les enfants préfèrent acheter des jouets que des bonbons.	☐	☐
6. Il faut manger de la viande à tous les repas.	☐	☐
7. La marche est bonne pour la santé.	☐	☐
8. Les Français mangent beaucoup de fromages.	☐	☐
9. En général, le soda n'est pas sucré.	☐	☐
10. Notre corps sait quand on a assez mangé.	☐	☐

45

GRAMMAIRE

La quantité (2)

1 **Complétez le texte.**

1. Chez les primeurs, on peut acheter .... légumes, ... fruits et puis, souvent, on trouve ...... miel et .... produits bio.

2. Chez l'épicier, on peut acheter .... conserves, ... sucre, ... sel, ... eau en bouteille mais aussi .... farine ou .... lait.

3. Chez le boucher, on peut acheter .... viande : .... bœuf, ... agneau, ... veau mais on peut aussi parfois trouver .... plats cuisinés.

2 **Listez les aliments bons pour la santé et les aliments à consommer avec modération.**

Pour être en bonne santé, il faut manger ...., ..., ...

et ne pas manger ...., ..., ...

3 **Vous êtes au supermarché. Que mettez-vous dans votre charriot ?**

Dans mon chariot, je mets ....

....

4 **Dites le contraire.**

1. Il y a du sucre. ≠ ....

2. Il y a un sucre. ≠ ....

3. Il y a trop de sucre. ≠ ....

4. Il y a beaucoup de sucre. ≠ ....

5 **À l'aide des ingrédients de votre choix, complétez les quantités suivantes.**

– une cuillère ....
– une pincée ....

– un verre ....
– un demi-kilo ....

– un bol ....
– un paquet ....

– un litre ....
– une tranche ....

– un kilo ....
– un bouquet ....

– 200 grammes ....
– une gousse ....

6 **Complétez cette recette.**

Le jus exotique.

Dans un bol, verse ...... sucre en poudre et, dans une assiette, mets ...... sirop ..... grenadine. Retourne le verre et trempe-le dans le sirop, puis dans le sucre. Verse ...... jus ...... ananas dans le verre.

Une vraie boisson des îles !

Le gérondif

7 **Répondez aux questions en utilisant le gérondif, comme dans l'exemple.**

Exemple : – Comment fais-tu pour rester aussi mince ?
– *Je reste mince en faisant beaucoup de sport.*

1. Comment Hélène s'est-elle cassé le bras ? → ....

2. Comment tu as trouvé ce travail ? → ....

3. Comment Anne a fait pour perdre 5 kg ? → ....

4. Comment a-t-il cuisiné ces carottes ? → ....

8 **Dites si le gérondif exprime la manière (M) ou la simultanéité (S).**

1. Elle cuisine en écoutant les informations à la radio. → ....

2. J'ai trouvé une recette en cherchant sur Internet. → ....

3. On fera les courses en arrivant en ville. → ....

4. Nous avons dîné en regardant la télé. → ....

5. En mélangeant des légumes au hasard, j'ai découvert une recette. → ....

9 **Transformez ces phrases en utilisant le gérondif, comme dans l'exemple.**

Exemple : Si tu passes par là, tu peux gagner du temps. → *En passant par là, tu peux gagner du temps.*

1. Quand tu arrives à la maison, allume le four. → ....

2. Puisque tu vas au supermarché, achète du pain. → ....

3. Pendant que je dors, j'oublie mon travail. → ....

4. Quand elle travaille, elle boit beaucoup de café. → ....

10 **Transformez ces phrases à l'aide du gérondif. Attention c'est impossible pour deux phrases, expliquez pourquoi.**

1. Tous les matins, il lit le journal quand il prend son petit-déjeuner.

→ ....

2. Quand il sort avec ses amis, ils se retrouvent toujours au café Méjane.

→ ....

3. Ce matin, quand je suis parti, j'ai oublié mon sac.

→ ....

4. Elle a laissé brûler le gâteau d'anniversaire. Elle écoutait son disque préféré.

→ ....

5. Pendant qu'elle fait la vaisselle, il regarde la télé.

→ ....

Vocabulaire

1 L'anchoïade est une spécialité du Sud de la France. C'est facile à préparer mais il faut acheter beaucoup de légumes pour l'accompagner. Notez le nom de chaque légume sous l'image correspondante.

> ### L'ANCHOÏADE
>
> **Ingrédients :**
> - 4 filets d'anchois*
> - 2 verres d'huile d'olive
> - 1 gousse d'ail
> - 1 cuillère à café de câpres
>
> **Préparation :**
> Faites dessaler les filets d'anchois, mixez-les avec l'huile d'olive, 1 gousse d'ail et 1 cuillère à café de câpres.
> * *Anchois* : petit poisson de mer qu'on mange mariné et salé.

1. .... 2. .... 3. .... 4. .... 5. ....

2 Vous faites vos courses sur Internet, vous choisissez les produits que vous voulez acheter. En vous aidant de la quantité (qté), vous remplissez le bon de commande.

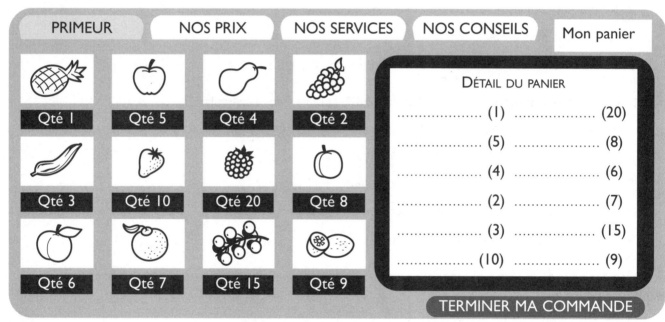

PRIMEUR | NOS PRIX | NOS SERVICES | NOS CONSEILS | Mon panier

Qté 1 | Qté 5 | Qté 4 | Qté 2
Qté 3 | Qté 10 | Qté 20 | Qté 8
Qté 6 | Qté 7 | Qté 15 | Qté 9

DÉTAIL DU PANIER
.... (1) .... (20)
.... (5) .... (8)
.... (4) .... (6)
.... (2) .... (7)
.... (3) .... (15)
.... (10) .... (9)

TERMINER MA COMMANDE

3 Mots croisés. Vous pouvez vous aider du dictionnaire.

Verticalement :
1. Le camembert est un...
2. La tarte aux fraises est un...
3. La courgette est un...
4. Le thon est un...

Horizontalement :
A. La banane est un...
B. Le bœuf est une...
C. La pomme de terre est un...
D. L'avoine est une...

4 **Cochez les bonnes réponses.**

1. Victor mesure 1 m 90. Il est... ☐ très grand ☐ assez grand

2. Mélanie pèse 46 kg. Elle est... ☐ mince ☐ maigre

3. Sabrina mesure 1 m 80. Elle est... ☐ petite ☐ grande

4. Stéphane pèse plus de 100 kg. Il est... ☐ obèse ☐ mince

5. Lucie mesure 1 m 65. Elle est... ☐ de taille moyenne ☐ petite

Combien mesurez-vous ? .... Vous êtes ....

Combien pesez-vous ? .... Vous êtes ....

5 **Ces mots ont un sens positif (+) ou négatif (−). Cochez la bonne réponse.**

	(+)	(−)
1. beau	☐	☐
2. laid	☐	☐
3. mignon	☐	☐
4. joli	☐	☐
5. pas mal	☐	☐
6. moche	☐	☐

Phonie-graphie

6 **Classez les mots suivants dans la colonne qui correspond au son que vous entendez et trouvez les deux intrus.**

travail – ail – œil – surveille – orteil – volaille – groseille – spatial – paille – bouteille

le son [aj]	le son [ɛj]
....	....
....	....

Les deux intrus sont : .... et ....

7 **Complétez avec les verbes *aller* et *se réveiller*. Relisez à haute voix.**

Pour qu'il .... à l'école aujourd'hui, il faut qu'il ....

8 **Complétez avec *eau, oh, o, haut, au, aux*.**

1. Cet immeuble est très ....

2. Je ne bois que de l'........... .

3. Tu viens avec nous .... marché ?

4. Qui c'est ? .... c'est toi !

5. Mon nom s'écrit avec un .... final.

6. Pardon, j'aimerais aller .... toilettes.

AutoÉvaluation

Je peux proposer une sortie
... / 3 points (1 point par phrase)

1 Proposez à votre ami(e) ces trois sorties (cinéma, musée, piscine) pour samedi.

1. ....

2. ....

3. ....

Je peux accepter ou refuser une sortie
... / 2 points (1 point par phrase)

2 Votre ami(e) vous propose deux sorties (théâtre, restaurant) pour samedi. Vous acceptez une sortie mais vous refusez l'autre.

1. ....

2. ....

Je peux utiliser les pronoms démonstratifs et interrogatifs
... / 5 points (1 point par réponse)

3 Complétez avec le pronom interrogatif ou démonstratif qui convient.

– .... est là ?

– C'est votre voisin.

– .... ?

– .... qui habite en bas de chez vous.

– .... voulez-vous ?

– Je vois que je vous dérange, ... ne fait rien, je repasserai plus tard.

Je peux prendre et donner des nouvelles
... / 6 points (1 point par phrase)

4 Vous n'avez pas vu votre ami(e) depuis plusieurs mois. Complétez le tableau suivant.

Que lui dites-vous pour prendre des nouvelles de :	Il/elle vous répond :
1. sa vie en général .... ?	....
2. sa santé .... ?	....
3. son travail .... ?	....

Je peux raconter les circonstances d'une rencontre
... / 6 points (1 point par phrase)

5 Imaginez des phrases à l'aide des indications de temps données.

Un jour, votre vie a changé.

1. Avant, ...

Un jour, ...

Maintenant, ...

2. Il y a ....

   Pendant ....

   Depuis ....

Je peux exprimer la cause

... / 5 points (1 point par réponse)

6 **Complétez le dialogue suivant avec :** *parce que, à cause de, puisque, grâce à, comme.*

Chez le médecin.

– Excusez-moi, je n'ai pas pris rendez-vous mais .... j'ai très mal, j'espère que le Docteur

   Thibault pourra me recevoir.

– .... c'est urgent, je vais le prévenir. Mais .... la grippe, en ce moment,

   il y a beaucoup de monde.

– Merci, je me permets d'insister .... je ne me sens pas bien du tout.

– Un instant. Vous avez de la chance. .... une annulation, il va vous recevoir tout de suite.

Je peux exprimer une quantité

... / 6 points (1 point par réponse)

7 **Complétez les phrases avec :** *trop, de plus en plus, beaucoup de, un peu, peu de, assez de.*

Pour être en forme, vous devez :

1. manger .... fruits, ... viande et .... céréales,

2. faire .... de sport, mais commencez doucement,

3. faire .... de régime mais pas .... !

Je peux exprimer la nécessité

... / 3 points (1 point par phrase)

8 **À l'aide des éléments donnés, faites des phrases exprimant la nécessité.**

Que faut-il faire contre la malbouffe ?

1. .... (faire du sport).

2. .... (manger cinq fruits et légumes par jour).

3. .... (ne pas consommer trop de sucre).

Je peux utiliser le gérondif

... / 4 points (1 point par réponse)

9 **Complétez ces phrases à l'aide des verbes au gérondif :** *penser, sourire, ramasser, se promener.*

J'ai rencontré Léo .... dans la rue. Je marchais .... à autre chose.

J'ai fait tomber mon sac et .... je l'ai vu. ...., il s'est approché.

C'est là que j'ai compris que je l'aimais !

↺ Résultats : ... points sur 40

1 📖 ▶ Livre de l'élève p. 68 **Réécoutez les dialogues.**

1. Associez les lieux aux personnes qui s'y trouvent. Justifiez quand c'est possible.

Personnes	Lieux	Justifications
1. le vieil homme	**a.** on ne sait pas	....
2. le jeune homme	**b.** au bureau	....
3. la femme	**c.** à la maison	....

2. Donnez un titre à chaque situation.

Situation A : ....

Situation B : ....

Situation C : ....

2 **Associez situations et réactions.** *(Plusieurs réponses sont possibles.)*

1. J'ai lavé mon four électrique avec de l'eau... •   • **a.** J'en ai assez !

2. Ça fait 10 fois que j'essaie de me connecter à Internet ! •   • **b.** Je suis nul(le) !

3. Je travaille jour et nuit sur ce programme. •   • **c.** J'en ai marre !

4. Il m'a expliqué mais je n'ai toujours pas compris... •   • **d.** Je n'en peux plus !

5. Les gens m'appellent toute la journée ! •   • **e.** Ça ne marche pas !

6. Mon mot de passe est encore incorrect... •   • **f.** Je n'y arriverai jamais !

3 **Complétez le texte à l'aide des expressions suivantes :**
Je suis nul(le), je n'y arriverai jamais. – Je vais régler le problème. –
Nous allons trouver la solution ensemble. – Ça ne marche pas ! J'en ai marre ! –
Ne vous inquiétez pas, tout va s'arranger. – J'en ai assez, je n'en peux plus !

1. Pendant le cours de mathématiques Louis n'arrive pas à résoudre son problème.

Louis : Monsieur, ... !

Le professeur : ....

2. Jeanne a réparé la télévision hier et aujourd'hui ça ne marche pas. Elle téléphone à un ami.

Jeanne : ....

L'ami : .... !

3. La voiture de Mathieu est encore en panne. Il l'emmène chez le garagiste.

Mathieu : ....

Le garagiste : ....

4 Vous avez acheté un nouveau lecteur DVD. Vous suivez le mode d'emploi mais cela ne fonctionne pas. Votre rédigez un mél au service après-vente pour expliquer votre problème.

Envoyer maintenant	Envoyer ultérieurement				Signature ▾	Options ▾	Insérer ▾	Catégories ▾

À : @ serviceapresvente@ monDVD.com

Monsieur.
J'ai un problème avec mon lecteur dvd. Il y a une panne de lumière. Je ne peux rien voir ~~tout les choses~~

5 📖 ▶ Livre de l'élève p. 69 **Relisez les documents.**

1. Complétez. Qui aime :

a. les jeux virtuels ? ....

b. les sports extrêmes ? ....

c. les objets d'arts ? ....

2. Des erreurs (indiquées en gras) se sont glissées dans ces récits. Corrigez-les.

a. Grâce à une **petite annonce**, **une femme** a pu découvrir un tableau qui appartenait à sa famille. Ce tableau représente **un très beau paysage de montagne**. **Sa grand-mère** l'avait peint mais **elle l'avait perdu** en **1955**. La police a retrouvé le tableau et l'a rendu à la famille.

b. Plusieurs joueurs **d'échec** ont été **emprisonnés**. Ils avaient joué pendant plus de trois **mois** sans manger et ils avaient perdu une **dizaine** de kilos. Le **juge** Marc Valeur considère que ces jeux **présentent de grands dangers d'ordre psychiatrique**.

c. Un jeune **Français** de **20 ans** s'est perdu dans **la forêt** en faisant du **ski de fond**. Grâce à **un appel télé-phonique** de son téléphone portable, un **avion** de l'**armée** a pu le repérer et il a pu être sauvé.

6 Vous choisissez un de ces faits divers et vous écrivez un article pour le journal local.

1. **2.** **3.** **4.**

....
....
....
....
....
....

GRAMMAIRE

Les pronoms possessifs

1 **Écrivez le pronom possessif qui convient à la place du nom souligné.**

1. le chien de marie : ..*son*.. chien

2. la chaise de l'enfant : ..*sa*.. chaise

3. le portable de Pierre et Paul : *leur*.. portable

4. les bêtises de ton frère et toi : *Nos*. bêtises

5. les cartouches de l'imprimeur : ..*ses* cartouches

6. le départ de Noëlle et moi : .*Notre* départ

2 **Transformez la phrase, comme dans l'exemple :**

Exemple : C'est ma grand-mère qui a peint le tableau. → *C'est la mienne !*

1. C'est ton programme qui ne marche pas. → C'est ..*le tien*.... !

2. C'est sa secrétaire qui a cassé le clavier. → C'est .*la sienne* !

3. C'est leur jeu qui les a rendus fous. → C'est ..*le leur*.... !

4. C'est notre téléphone portable qui a guidé les sauveteurs. → C'est ..*le nôtre*.. !

5. C'est votre problème s'il n'a pas compris. → C'est ..*le vôtre*.. !

3 **Terminez les questions, comme dans l'exemple :**

Exemple : Nos jeux vidéo sont intéressants, et .... ? (à elle)
→ *Nos jeux vidéo sont intéressants et les siens comment sont-ils ?*

1. Mon père est peintre, et ....*le vôtre comment est-il*................... ? (à vous)

2. Son ordinateur est récent, et ..*le tien comment est-il*................ ? (à toi)

3. Ton clavier ne marche plus, et ..*le sien marche-t-il*.................. ? (à lui)

4. Leurs vacances sont organisées, et ..*les nôtres le sont-elles*........ ? (à nous)

5. Leurs amis sont là, et ..*les miens où sont-ils*.............. ? (à moi)

6. Notre logiciel est installé, et ..*le leur comment est-ils*............ ? (à eux)

La forme passive (1)

4 **Transformez les phrases à la forme passive.**

Exemple : Le client appelle l'assistance téléphonique. → *L'assistance téléphonique est appelée par le client.*

1. Le jeune homme ferme la fenêtre. → .*la fenêtre est fermée par le jeune homme*..

2. La secrétaire a lavé le clavier. → ..*le clavier a été lavé par la secrétaire*.......

3. On a volé le tableau de son grand-père. → .*le tableau de son grand-père a été volé par nous*.

4. On a sauvé le skieur imprudent. → ..*le skieur imprudent a été sauvé par nous*..........

5. On a hospitalisé les deux fous de jeux vidéo. → ..*les deux fous de jeux vidéo ont été hospitalisé par nous*.

5 Reconstituez les phrases et dites à quelle forme (active/passive) elles correspondent.

	Actif	Passif

1. perdu – a – logiciel – été – le ☐ ☒

→ *le logiciel a été perdu*

2. cassé – la – a – clavier – femme – le ☒ ☐

→ *la femme a cassé le clavier* .

3. aide – le – opérateur – l' – client – téléphone – par ☒ ☐

→ *l'opérateur aide le client par téléphone*

4. mon – a – nature morte – par – peinte – cette – été – grand-père ☐ ☒

→ *Cette nature morte a été peint par mon grand-père*

5. à – exceptionnel – sauvé – grâce – été – un – touriste – pilote – a – le ☐ ☒

→ *le touriste a été sauvé grace à un pilote exceptionnel.*

6 Racontez l'histoire décrite par les dessins en utilisant la forme passive.

1. ....

....

2. ....

....

3. ....

....

4. *Le chien a été poursuivi par le garçon.*

La nominalisation

7 Trouvez le verbe/nom qui correspond au nom/verbe :

1. une intervention → *intervenir*

2. une vente → *vendre*

3. un cambriolage → *cambrioler (to rob a house)*

4. une assistance → *assister*

5. ignorer → *l'ignorance*

6. perdre → *une perte*

7. voler → *le vol*

8. nettoyer → *le nettoyage*

8 Mettez au féminin, puis retrouvez le verbe :

1. un voleur → *une voleuse* → *voler*

2. un skieur → *une skieuse* → *skier*

3. un joueur → *une joueuse* → *jouer*

4. un directeur → *une directrice* → *diriger*

1 📖 ▸ Livre de l'élève p. 72 **Relisez le test.**

1. Trouvez la bonne réponse.

Les résultats du test montrent que vous :
☐ savez très bien écrire des textos.
☐ êtes dépendant de votre téléphone portable.
☐ aimez télécharger de la musique sur votre téléphone portable.

2. Voici d'autres réponses possibles aux questions du test. Vous devez retrouver les questions correspondantes.

Réponses	Question n°
a. vous écoutez de la musique sur votre téléphone	. . . .
b. tous les mois	. . . .
c. quelques fois	. . . .
d. essentiel	. . . .
e. en mode silencieux	. . . .
f. non	. . . .
g. quelques-unes	. . . .
h. quand il ne fonctionne plus	. . . .
i. plus de 10	. . . .
j. grossiers	. . . .

2 **Complétez le dialogue à l'aide de ces expressions :** *envoyer des textos – dépasser son forfait.*

Au magasin de téléphones portables.

LE CLIENT : Bonjour, je voudrais changer de forfait.

LA VENDEUSE : Bonjour, ... ?

LE CLIENT : Oui, et chaque fois j'ai des factures énormes. Je n'arrive pas à me limiter à deux heures.

LA VENDEUSE : Combien . . . . ?

LE CLIENT : Ça dépend. En général, j'en envoie 15 ou 20 par mois.

3 **Mettez en garde les utilisateurs de téléphones portables.**

1. Nadine vient d'acheter son appareil : . . . .

2. Pierre est dans le train : . . . .

3. Salim a un forfait illimité : . . . .

4 **Vous devez réaliser une enquête sur les nouvelles technologies. Préparez une liste de cinq questions que vous poserez aux gens dans la rue.**

1. . . . . ?

2. . . . . ?

3. . . . . ?

4. .... **?**

5. .... **?**

5 📖 ▶ Livre de l'élève p. 73 **Réécoutez le document.**

1. Vrai ou Faux ? Justifiez.   **Vrai** **Faux**

1. Le thème de l'émission est le téléchargement des fichiers musicaux sur Internet.   ☐ ☐

→ ....

2. Il s'agit de la situation en France. → ....   ☐ ☐

3. La dernière enquête a eu lieu il y a 5 ans. → ....   ☐ ☐

4. Les personnes qui téléchargent ont peur des poursuites judiciaires.   ☐ ☐

→ ....

5. Les Français téléchargent peu de fichiers illégaux. → ....   ☐ ☐

6. Les gens téléchargent de plus en plus de films. → ....   ☐ ☐

2. Associez les phrases aux extraits entendus.

1. Le téléchargement aide les jeunes talents à se faire connaître.   ●

2. Le téléchargement des films augmente.   ●   ● **a.** extrait 1

3. Télécharger illégalement c'est comme voler.   ●   ● **b.** extrait 2

4. Les gens achètent de moins en moins de disques.   ●   ● **c.** extrait 3

5. Les Français sont de gros consommateurs de téléchargement illégal. ●

6. Les internautes téléchargent de moins en moins de musique.   ●

6 **Quels sont selon vous les avantages et les inconvénients du téléchargement illégal ?**

Avantages	Inconvénients
Personnellement, je crois que	....
....	....
....	....
....	....

7 **Approuvez ces opinions :**

1. Il me semble que le résultat de l'opération est 24 356. → ....

2. Je pense qu'il a menti. → ....

3. Je crois que le film a commencé à 20 h 30. → ....

8 **Sur une feuille séparée, donnez votre avis :**

1. Tu crois que les nouvelles technologies vont remplacer l'homme un jour ?

2. Tu crois que les jeunes lisent de moins en moins ?

GRAMMAIRE

Les indéfinis (2)

1 **Dites à quelle situation correspondent ces phrases :** *quantité nulle – quantité indéterminée – totalité.*

1. J'ai écouté certaines émissions radio. → ....

2. Je n'ai vu aucun film téléchargé. → ....

3. Je me sers de mon portable tous les jours. → ....

4. J'envoie plusieurs textos par semaine. → ....

2 **Entourez l'adjectif ou le pronom indéfini qui convient.**

1. Ces chansons, Tom veux (toutes) / *tous* les télécharger.

2. (Aucun) / *Chaque* logiciel ne peut régler le problème.

3. (Plusieurs) / *Quelques-uns* utilisateurs ont été condamnés.

4. *Quelques* / (Quelques-uns) craignent les poursuites judiciaires.

5. (Chaque) / *Chacun* internaute est particulier.

6. (Presque *tous*) / *tout* les Français téléchargent des fichiers musicaux.

3 **Complétez les phrases avec les adjectifs ou les pronoms suivants :**
    aucun – plusieurs – certains – quelques – tous – chaque.

1. J'aime beaucoup les téléphones portables, j'en ai eu ....plusieurs........... .

2. ...~~Quelques~~... Certains jours, je téléphone beaucoup, surtout quand je suis seule.

3. J'ai eu .... ~~certains~~ Quelques problèmes avec mon ordinateur mais dans l'ensemble, je suis contente.

4. J'ai bien reçu .....tous................. tes messages.

5. À ......chaque........... utilisateur correspond un type de forfait.

6. Des appels ? Je n'en ai reçu ...aucun............... .

Le subjonctif présent (2)

4 **Associez les amorces aux propositions qui conviennent :**

1. Il vaut mieux que je...   •   • **a.** sachiez vous servir de ce logiciel.

2. L'idéal serait que tu...   •   • **b.** ayons envoyé ces méls avant ce soir.

3. Ce serait bien que nous...   •   • **c.** fasse ce travail tout de suite.

4. Ce serait mieux que vous...   •   • **d.** sois au bureau à l'heure.

5 **Mettez les verbes au subjonctif.**

1. Si tu veux qu'on .... (aller) à la plage, il ne faut pas qu'il .... (pleuvoir).

2. Je veux que vous .... (être) à la maison à 17 heures et que vous .... (faire) vos devoirs.

3. L'idéal serait que nous .... (pouvoir) le rencontrer et que nous .... (savoir) la vérité.

4. Ce serait bien que tu .... (avoir) un ordinateur et que tu .... (vouloir) t'en servir !

5. Le mieux c'est que tu .... (être) au magasin à l'ouverture et que tu .... (faire) la queue.

6 **Six erreurs de conjugaison se sont glissées dans ce texte. Trouvez-les, puis corrigez-les.**

Le directeur du département veut que je fasses des heures supplémentaires. Il ne comprend pas que je ne voulions pas, j'ai déjà beaucoup de travail et beaucoup de trajets ! Il vaut mieux que j'aillent le rencontrer pour qu'il puisses écouter mes arguments. L'idéal serait que j'aient une voiture et que je soyez moins fatigué.

1. .... **2.** .... **3.** .... **4.** .... **5.** .... **6.** ....

Les superlatifs (1)

7 **Dites le contraire en utilisant le superlatif.**

1. Les Français sont les moins gros consommateurs de fichiers illégaux du monde.

→ ....

2. Jean-Paul, en informatique, c'est le plus mauvais ! → ....

3. Les gens les moins riches travaillent dans l'industrie. → ....

4. Le téléchargement est le pire système. → ....

5. Ce sont les jeunes qui téléchargent le moins souvent. → ....

8 **Faites une phrase, comme dans l'exemple.**

Exemple : Word 97, Word 98 – moderne → *Word 98 est le plus moderne.*

1. Mon portable 2007, ton portable 2006 – ancien → ....

2. CD 15 euros, DVD 25 euros – cher → ....

3. Téléchargement : France 20 %, Espagne 18 % – nombreux → ....

4. Florence 1 m 65, Marine 1 m 70 – grand → ....

9 **Complétez les phrases à l'aide des mots suivants :**
bon – bien – mieux – meilleur – mal – pire – mieux.

Exemple : Cette solution est *mauvaise*, c'est *la pire* qui soit.

1. Le .... pour vous, c'est de revenir demain, le Directeur pourra vous recevoir.

2. Ce vin est .... mais le .... c'est celui-ci.

3. Il chante .... mais ce n'est pas le ....

4. Ce site Internet est .... mais le .... c'est celui-ci.

Vocabulaire

1 Trouvez le mot qui correspond à chaque image.

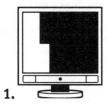 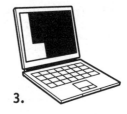 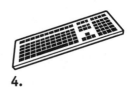 

1. . . . .
2. . . . .
3. . . . .
4. . . . .
5. . . . .

2 Donnez le sens informatique des mots suivants :

1. une icône = ...

2. un poste de travail = ...

3. une souris = ...

4. une fenêtre = ...

3 Associez les synonymes et faites une phrase.

1. laver •   • **a.** rendre   → . . . .

2. restituer •   • **b.** marcher   → . . . .

3. fonctionner •   • **c.** nettoyer   → . . . .

4. être accro •   • **d.** prévenir   → . . . .

5. alerter •   • **e.** être dépendant   → . . . .

4 Barrez l'intrus.

Une situation *cocasse / burlesque / drôle / rigolote / embarrassante*.

5 Associez les contraires.

1. à temps •   • **a.** être à la retraite
2. être en panne •   • **b.** être retrouvé
3. être dangereux •   • **c.** douter
4. être en activité •   • **d.** être inoffensif
5. être perdu •   • **e.** marcher
6. être sûr •   • **f.** trop tard

6 Donnez un synonyme des mots suivants :

1. craindre = ...   **3.** dire = ...

2. favoriser = ...   **4.** supprimer = ...

7 Retrouvez le contraire des mots suivants :

1. allumer ≠ . . . .   **3.** inoffensif ≠ . . . .

2. silencieux ≠ . . . .   **4.** augmenter ≠ . . . .

8 **Mots croisés. Retrouvez le mot d'après sa définition**

Verticalement :

1. On peut vous téléphoner à tout moment, vous répondez. Vous êtes ...

2. Vous êtes dépendant. Vous êtes ...

3. Vous ne téléphonez que si c'est très important. Vous téléphonez en cas d'...

4. Vous ne répondez pas à tous les appels. Vous ...

Horizontalement :

A. Vous faites toujours attention. Vous êtes ...

B. C'est le nombre d'heures par mois pendant lequel vous pouvez téléphoner. C'est le ...

C. Vous agacez les gens autour de vous : vous les ...

D. On vous tient responsable de quelque chose. On vous ... quelque chose.

Phonie-graphie

9 **Observez les phrases suivantes et prononcez-les à voix haute.**

1. Paul̲ arrive.

2. Jeann̶e̶ arrive.

3. Rober̶t̶ arrive.

4. Thoma̶s̶ arrive.

5. Marion arrive.

10 **Mettez ces phrases au féminin et soulignez les enchaînements vocaliques.**

1. Le mien aussi est acteur. → ....

2. L'éditeur est arrivé. → ....

3. Le vendeur a expliqué le problème. → ....

4. Le skieur attend les secours. → ....

5. Le joueur a perdu. → ....

6. L'inspecteur a tout découvert. → ....

11 **Soulignez les enchaînements vocaliques et barrez les voyelles que vous ne prononcez pas.**

Exemple : Ell̶e̶ a téléphoné tout de suit̶e̶ à l'opérateur.

1. Il est à la retraite depuis quatre ans.

2. Son frère habite en Argentine.

3. Elle est venue en France pour étudier.

4. Aucune innovation n'est prévue cette année.

5. Il faut qu'il fasse attention.

6. Elle en veut une autre.

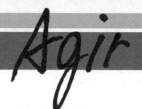
1 📖 ▶ Livre de l'élève p. 78 **Relisez la page du site Internet, puis répondez aux questions.**

Que propose :

1. la rubrique « Travail » : ....

2. la rubrique « Formalités » : ....

3. la rubrique « Logement » : ....

4. la rubrique « Correspondants » : ....

2 **Vous partez faire un stage d'un an au Canada. Lisez le texte et complétez la liste des choses à faire avant le départ.**

@ http://www.diplomatie.gouv.fr

Canada

Accueil

Forum

FAQ

→ **Court séjour :** Pour un séjour de moins de six mois, il n'y a pas d'obligation de visa et le passeport en cours de validité suffit. Pour travailler ou faire un stage au Canada pour une période déterminée, il convient de formuler une demande de visa de long séjour auprès de l'ambassade du Canada à Paris.

→ **Immigration :** Tout candidat français à l'immigration au Québec doit obtenir au préalable un visa « d'immigrant reçu », délivré par l'Ambassade du Canada à Paris, en liaison avec le service d'immigration de la délégation générale du Québec, au terme d'une procédure assez longue et assez complexe.

→ **Santé :** En cas de nécessité, contacter les urgences ou se rendre dans le service d'urgences du centre hospitalier le plus proche ou, au Québec, dans des « centres locaux des services communautaires » qui constituent un réseau de soins réparti sur l'ensemble du territoire de cette province.
Le règlement des frais d'hospitalisation des voyageurs est exigible avant la sortie du centre hospitalier.
Le coût des soins médicaux ou hospitaliers est très élevé. Il est vivement conseillé de contracter avant le départ une assurance médicale spécifique prévoyant notamment le rapatriement.

Avant de partir, je dois :

– ....

– ....

– ....

– ....

3 📖 ▶ Livre de l'élève p. 79 **Réécoutez les trois témoignages et complétez le tableau. Comme Pattty, Jean-Marc et Karine, vous avez choisi de partir vivre à l'étranger et vous répondez à la même étude de la Commission européenne. Dites ce qui vous a motivé, où vous êtes et ce qui vous plaît là-bas.**

	Lieu de vie	Motivation pour partir	Avantages de cette nouvelle vie
Patty	....	....	....
Jean-Marc	....	....	....
Karine	....	....	....
Vous	....	....	....

4 Quels sont selon vous les avantages et les inconvénients de partir vivre à l'étranger.

Avantages	Inconvénients
apprendre une nouvelle langue, ...	....
....	....
....	....

5 Stéphane veut ouvrir une boulangerie à Stockholm. Il téléphone à l'Ambassade de Suède pour obtenir des renseignements. Complétez le dialogue suivant à l'aide de ces expressions :
vous aurez besoin de – aurai-je besoin d'un permis de travail – quelles sont les formalités à effectuer – une liste de contacts pour faciliter votre installation – quels documents dois-je emporter – à qui dois-je m'adresser pour – je vous passe

STANDARDISTE : Ambassade de Suède, bonjour.

STÉPHANE : Bonjour Madame, je souhaite m'installer à Stockholm, ... obtenir des renseignements ?

STANDARDISTE : Vous devez vous adresser au bureau des migrations, ne quittez pas, ... ce bureau.

SECRÉTAIRE : Bureau des migrations, je vous écoute.

STÉPHANE : Je souhaite ouvrir un commerce en Suède. Pourriez-vous me dire .... ?

SECRÉTAIRE : Il faut que vous veniez à l'Ambassade et que vous montiez un dossier.

STÉPHANE : D'accord, ... ?

SECRÉTAIRE : Bien sûr, sinon vous n'aurez pas le droit d'ouvrir votre commerce.

STÉPHANE : Et .... ?

SECRÉTAIRE : .... votre passeport et d'un visa.

STÉPHANE : Et pour avoir des informations plus générales quant à mon installation ?

SECRÉTAIRE : Nous vous communiquerons ....

6 Vous venez d'arriver à Wallis-et-Futuna. Vous êtes très enthousiaste ! Écrivez trois phrases pour exprimer votre joie.

1. ....
2. ....
3. ....

7 Cela fait cinq mois que vous êtes à Wallis et Futuna et vous n'êtes plus aussi enthousiaste... Rédigez trois phrases qui expriment votre malaise.

1. ....
2. ....
3. ....

GRAMMAIRE

La mise en relief (2)

1 **Associez.**

1. Ce que tu veux,
2. Ce dont il parle tout le temps,
3. Ce qui est facile dans cette ville,
4. Ce qu'il faut pour partir à l'étranger,
5. Ce dont elle rêve depuis longtemps,
6. Ce qui m'inquiète,
7. Ce dont ils ont besoin pour émigrer en Europe,

- **a.** c'est d'un permis de travail.
- **b.** c'est que tu n'aies pas encore fait tes vaccins.
- **c.** c'est de partir sur une île déserte.
- **d.** c'est de son voyage en Australie.
- **e.** c'est un passeport valide.
- **f.** c'est que j'aille le chercher à l'aéroport à ta place.
- **g.** c'est trouver un logement.

2 **Entourez la bonne réponse.**

1. Ce que je souhaite, c'est que *tu partes / tu pars* le plus tôt possible.

2. Ce dont nous avons besoin, c'est de *nous reposer / nous reposons*.

3. Ce qui le dérange, c'est de *ne pas avoir / nous n'ayons pas* le temps d'organiser son départ.

4. Ce que vous voulez, c'est *que vous reveniez / revenir* pour Noël.

5. Ce que vous voulez, c'est *qu'ils reviennent / revenir* pour Noël.

6. Ce dont tu parles, c'est de *visiter / tu visites* ce musée.

7. Ce dont je me souviens, c'est de *son arrivée / il arrive*.

8. Ce qui est drôle, c'est qu'il *ait / avoir* raté l'avion.

9. Ce qui lui plaît, c'est de *découvrir / il découvre* un nouveau pays.

3 **Faites des phrases en utilisant la mise en relief.**

Exemple : vouloir / être tranquilles → *Ce que nous voulons, c'est être tranquilles.*

1. parler / affaire sérieuse → ....

2. vouloir / être contents → ....

3. avoir besoin / repos → ....

4. surprendre / prix du billet → ....

5. être important / bien arrivé → ....

4 **Réécrivez les phrases en utilisant la mise en relief.**

Exemple : Je parle d'aller dans un endroit de rêve. → *Ce dont je parle, c'est d'aller dans un endroit de rêve.*

1. Je veux partir le plus vite et le plus loin possible. → ....

2. Ça m'agace de devoir remplir toutes ces formalités. → ....

3. Il a besoin de vacances. → ....

4. Tu aimes le soleil. → ....

La localisation dans l'espace

5 **Associez.**

1. Au fond de la mer, •
2. En face du restaurant, •
3. Au milieu du parc, •
4. En bas de la tour Eiffel •
5. Autour de l'arbre de Noël, •

• **a.** il y a un lac.
• **b.** il y a des coquillages.
• **c.** il y a des cadeaux.
• **d.** il y a un parking gardé.
• **e.** il y a des touristes.

6 **Terminez les phrases.**

1. Sur la table, il y a ....

2. Dans le verre, il y a ....

3. À côté de l'assiette, il y a ....

4. Sous le lit, il y a ....

5. Au bord de la route, il y a ....

7 **Donnez l'adverbe qui correspond à la préposition.**

1. Regarde sous la table : regarde .... •

2. Mets-le dans le tiroir : mets-le .... •

3. Pose-la sur la chaise : pose-la .... •

4. Gare-toi en face de la maison : gare-toi .... •

5. Arrête-toi en haut de la rue : arrête-toi .... •

6. Assois-le entre les coussins : assois-le .... •

8 **Décrivez cette image en employant des prépositions et des adverbes de lieu.**

Exemple : À *l'extérieur, contre la façade, il y a une échelle.*

....

....

....

....

....

....

....

....

....

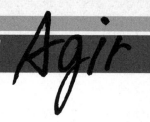

1 📖 ▶ Livre de l'élève p. 82 **Réécoutez le dialogue entre Lili et Flo.**

1. Complétez le tableau :

Flo va mal parce que :	....
Lili lui dit qu'elle devrait :	....

2. Racontez une journée de Flo du réveil au coucher.

Le matin, Flo se réveille à ....

....

L'après-midi, ...

....

2 **Complétez les dialogues à l'aide de ces expressions :**

*J'en ai marre ! – Regarde le bon côté des choses. – Tout n'est pas si noir... –
Je n'en peux plus ! – Tu vas voir, ça va s'arranger. – J'ai le moral à zéro.*

Je ne veux plus travailler ici : ....

....

2. Je ne sors plus, je ne vois personne : ....

3. Je suis amoureuse mais il ne m'aime plus : ....

1. ....

2. ....

3. ....

3 **Vous recevez ce mél de votre amie Julie. Vous lui répondez en essayant de la réconforter.**

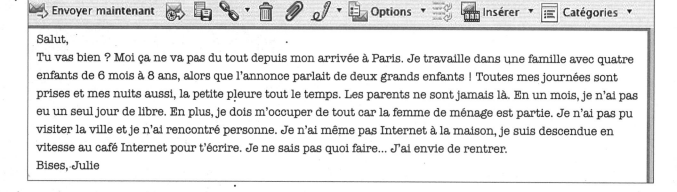

Salut,

Tu vas bien ? Moi ça ne va pas du tout depuis mon arrivée à Paris. Je travaille dans une famille avec quatre enfants de 6 mois à 8 ans, alors que l'annonce parlait de deux grands enfants ! Toutes mes journées sont prises et mes nuits aussi, la petite pleure tout le temps. Les parents ne sont jamais là. En un mois, je n'ai pas eu un seul jour de libre. En plus, je dois m'occuper de tout car la femme de ménage est partie. Je n'ai pas pu visiter la ville et je n'ai rencontré personne. Je n'ai même pas Internet à la maison, je suis descendue en vitesse au café Internet pour t'écrire. Je ne sais pas quoi faire... J'ai envie de rentrer.

Bises, Julie

| | Envoyer maintenant 🔄 📑 🔗 ▾ 🗑 📎 ✒ ▾ 📧 Options ▾ 🔀 📽 Insérer ▾ 📋 Catégories ▾ |

Salut Julie, ...
....
....
....

4 Vous êtes parti(e) en stage à l'étranger. Tout va mal ! Écrivez un mél à votre meilleur(e) ami(e) pour lui raconter.

| Envoyer maintenant 🔄 📑 🔗 ▾ 🗑 📎 ✒ ▾ 📧 Options ▾ 🔀 📽 Insérer ▾ 📋 Catégories ▾ |

....
....
....
....

5 📖 ▶ Livre de l'élève p. 83 **Relisez les deux documents.**

1. Complétez le tableau quand c'est possible.

	Jean-Loup Chrétien	Mélanie Feuillet
Moyen de transport utilisé	....	....
Date et lieu du départ	....	....
Destination	....	....
Lieux évoqués	....	....

2. Le voyage de Mélanie Feuillet ne commence pas si bien que ça. Retrouvez dans le texte les deux anecdotes qui le montrent.

1. ....
2. ....

6 Vous avez fait le tour d'Europe en montgolfière. Écrivez un article pour raconter ce voyage extraordinaire.

....
....
....
....
....

GRAMMAIRE

Le plus-que-parfait

1 **Complétez les phrases en mettant les verbes suivants au plus-que-parfait :**
oublier – pleuvoir – marcher.

1. Je pouvais voir les détails du terrain où j'............................. une semaine auparavant.

2. J'ai réalisé deux heures après le départ que j'............................. mon téléobjectif à Paris.

3. Il .... dans l'après-midi et la 2CV a quitté la route dans un virage.

2 **Observez ces phrases et associez.**

1. action finie •
2. action commencée qui continue •
3. action consécutive ou simultanée •

- **a.** Quand elle est partie, elle a vendu son appartement.
- **b.** Quand il est arrivé sur le quai, le train partait.
- **c.** Quand je suis revenu, tu étais parti.
- **d.** Ma grand-mère avait préparé une tarte pour mes quinze ans.
- **e.** Quand nous sommes allés au cinéma, il pleuvait.
- **f.** Quand nous avons survolé la France, j'ai souri.

3 **Transformez la phrase, comme dans l'exemple, et expliquez le sens.**

Exemple : Quand je suis arrivé, ma mère **préparait** le petit-déjeuner.
(Ma mère était dans la cuisine, la casserole de lait dans la main quand je suis arrivé.)
→ Quand je suis arrivé, ma mère **avait préparé** le petit-déjeuner.
(Ma mère était dans le jardin en train de lire, le petit-déjeuner était déjà prêt quand je suis arrivé.)

Quand je suis revenue, les enfants faisaient leurs devoirs.

....

....

....

4 **Continuer les phrases en utilisant le plus-que-parfait.**

Exemple : Quand il est sorti de la douche, *j'avais terminé de ranger la chambre.*

1. Quand je suis rentrée à la maison, ...

2. Il a raté son examen pourtant ....

3. Vous êtes rentrés pourtant ....

4. Ils étaient fatigués parce que ....

5. Tu es resté à Londres parce que ....

5 **Transformez ce texte en remplaçant *Jules* par *Sophie et Carine*. (Attention aux accords !)**

Pendant les vacances, quand Jules avait terminé le déjeuner, il allait faire le jardin. Quand il avait fini et qu'il était content, il allait voir grand-mère à la cuisine. Un jour, il était venu avec un ami, il avait fait le marché, il s'était aperçu que la famille c'est important et il était retourné à l'école, heureux et reposé.

....

....

....

....

....

6 Racontez une histoire au passé. Vous utiliserez certains des verbes suivants au plus-que-parfait :
~~neiger~~ – *se promener – regarder – errer – mettre – rencontrer – parler – rentrer.*

C'était un dimanche d'hiver. Il avait neigé toute la nuit ....

....

....

....

....

La chronologie

7 Complétez les phrases avec *avant, avant de, après.*

1. J'ai appelé un taxi pour l'aéroport mais .... j'ai vérifié l'heure de mon vol.

2. .... décoller, nous avons attaché nos ceintures.

3. C'est seulement .... le décollage qu'ils nous ont servi le dîner.

4. .... avoir mangé, je me suis endormi.

8 Transformez les phrases, comme dans l'exemple :

Exemple : se laver les dents / aller se coucher
→ *Avant, je me lave les dents et, après, je vais me coucher.*
→ *Avant de me coucher, je me lave les dents.*

1. prendre son passeport / arriver à l'aéroport

→ ....

→ ....

2. faire la vaisselle / regarder la télévision

→ ....

→ ....

3. aller à Londres / travailler son anglais

→ ....

→ ....

Vocabulaire

1 Complétez ces phrases à l'aide du vocabulaire suivant :

passeport – permis de travail – carnet de santé – vaccins – visas.

1. Il faut absolument un .... pour s'installer à l'étranger.

2. Je dois présenter mon .... à la douane avant d'embarquer dans l'avion.

3. Avant de partir dans un pays tropical, il faut mettre à jour ses ....

4. En général, les .... touristiques sont valables 3 mois.

5. Mon .... est à jour : je peux partir tranquille.

2 Trouvez les mots ou expressions contraires :

1. le pays d'accueil ≠ ....

4. l'aller ≠ ....

2. le départ ≠ ....

5. s'installer ≠ ....

3. le travail ≠ ....

6. partir (à l'étranger) ≠ ....

3 Mots cachés. Retrouvez les mots suivants *(attention, les mots peuvent se trouver dans tous les sens !)* :
~~logement~~ *– contact – assurance – expatriés – impôts – organisme – coopération – stress – stimulant – enrichir.*

Q	E	R	A	S	T	B	C	O	O	P	E	R	A	T	I	O	N	P
G	I	O	P	Z	E	D	O	F	F	T	X	A	N	H	O	I	L	M
R	U	O	P	M	L	A	N	X	C	R	P	T	U	H	D	X	A	I
S	P	D	R	A	W	T	T	U	L	G	A	T	E	S	D	C	V	B
P	V	C	S	G	I	N	A	K	M	S	T	R	E	S	S	P	O	E
E	D	M	S	I	A	R	C	R	U	E	R	R	I	G	H	U	P	M
~~L~~	~~O~~	~~G~~	~~E~~	~~M~~	~~E~~	~~N~~	~~T~~	A	S	T	I	M	U	L	A	N	T	O
Z	S	F	Y	P	I	N	I	U	H	O	E	F	F	O	T	U	P	P
U	W	P	A	O	B	C	P	S	R	E	S	V	B	L	L	H	D	M
F	E	R	U	T	L	U	C	A	M	P	L	C	S	S	T	U	C	B
D	A	M	M	S	C	Q	F	E	K	E	N	R	I	C	H	I	R	A

4 Complétez les phrases avec les verbes suivants :

voler – naviguer – marcher – faire du stop – traverser – rouler.

1. Nous .... toute la nuit. La mer était calme.

2. L'année dernière, pour aller au Maroc, ils .... toute l'Espagne.

3. Il a eu un accident car il .... trop vite.

4. Elle est arrivée en Hollande en ....

5. En montgolfière, il .... au dessus de la Grande Muraille de Chine.

6. Pendant leur randonnée, ils .... six heures par jour.

5 Associez les lieux aux images.

1. les pyramides d'Égypte
2. les gondoles à Venise
3. le phare de La Hague
4. le mont Everest
5. le désert de Gobi

a.

b.

c.

d.

e.

Phonie-graphie

6 Complétez.

« f » ou « ff » ?

1. Je suis chau......eur. J'ai re......usé la proposition de mon che...... .

2. C'est trop di......icile !

« p » ou « pp » ?

3. Elle vient d'a......rendre que sa fille a la gri......e.

4. Il faut a......eler le docteur. A......elle-le tout de suite !

« r » ou « rr » ?

5. Tu as une ciga......ette ? Mais tu ne devais pas a......êter ?

6. J'ado......e ta te......asse.

« t » ou « tt » ?

7. A......en......ion ! Ce cou......eau coupe beaucoup !

8. Pour le dîner, j'ai fait une omele......e et aussi un gâ......eau.

« m » ou « mm » ?

9. Quel est ton progra......e pour sa......edi ?

10. Mon ho......e m'e......ène au restaurant !

« n » ou « nn » ?

11. La musicie......e se passio......e pour la lu......e.

12. Mais je la reco......ais, c'est ta cousi......e.

« l » ou « ll » ?

13. Révei......e-toi ! Le révei...... a sonné !

14. J'ai besoin de co......e pour fermer mon enve......oppe.

AutoÉvaluation

Je peux exprimer l'exaspération

... / 5 points (1 point par phrase)

1 Mettez ces expressions dans l'ordre.

1. jamais / y / je / ! / n' / arriverai → ....

2. peux / je / n'/ en / ! / plus → ....

3. marche / pas / ça / ! / ne → ....

4. marre / ! / j' / en / ai → ....

5. ai / j' / en / ! / assez → ....

Je peux rassurer quelqu'un

... / 3 points (1 point par phrase)

2 Votre ami(e) n'arrive pas à faire son exercice, vous voulez l'aider et le (la) rassurer. Que pouvez-vous lui dire ?

1. ....

2. ....

3. ....

Je peux utiliser les pronoms possessifs

... / 5 points (1 point par réponse)

3 Complétez avec les pronoms possessifs qui conviennent.

Dispute à la maison !

– C'est ma jupe que tu portes !

– Non, c'est .... ! .... est noire et .... est grise, tu vois bien.

– Et puis, tu as pris aussi mes bottes !

– Ce ne sont pas ...., maman les a achetées pour toutes les deux, ce sont ....

Je peux raconter un fait divers à la forme passive

... / 5 points (1 point par phrase)

4 Rédigez un fait divers à partir des éléments suivants :
tornade dévastatrice – déraciner les arbres – renverser les voitures – arracher les toits – blesser des personnes.

....

....

....

Je peux utiliser les superlatifs

... / 4 points (1 point par phrase)

5 Répondez aux questions en utilisant les superlatifs.

1. L'informatique est une belle invention ? Oui ....

72

2. Internet est un bon outil pour travailler ? Oui ....

3. Ces jeux vidéo sont intéressants ? Oui ....

4. Le téléchargement illégal est une mauvaise solution ? Oui ....

Je peux exprimer l'enthousiasme

... / 3 points (1 point par phrase)

6 Faites des phrases pour exprimer votre enthousiasme sur :

1. votre vie : ....

2. votre travail : ....

3. un lieu : ....

Je peux situer dans l'espace

... / 5 points (0,5 point par mot)

7 Complétez le texte avec les prépositions ou les adverbes de lieu qui conviennent.

Elle est .... la terrasse, ... un parasol. .... elle se trouve une petite table avec son

thé .... et le chat qui se cache .... Elle regarde la mer .... Elle imagine tous

les poissons qui vivent .... Elle aimerait nager .... eux. .... , elle voit un bateau.

Et elle admire les oiseaux qui volent .... elle.

Je peux utiliser le plus-que-parfait

... / 5 points (1 point par verbe)

8 Terminez les phrases suivantes en utilisant le plus-que-parfait

1. Rémi n'a pas réussi son examen pourtant ....

.... (réviser ses cours / travailler tout le week-end / se coucher tôt)

2. Sylvie n'a pas aimé son voyage en montagne pourtant ....

.... (demander des conseils avant de partir / se préparer physiquement)

Je peux utiliser *avant* et *après*

... / 5 points (1 point par phrase)

9 Écrivez des phrases à l'aide des éléments suivants et en utilisant *avant (de)* et *après*.

Exemple : finir les valises / se coucher → *Ils ont fini les valises **avant de** se coucher.*

1. se réveiller / sonnerie du réveil → ....

2. petit-déjeuner / se laver → ....

3. charger les bagages dans la voiture / ne rien oublier → ....

4. fermer les volets / fermer la porte d'entrée → ....

5. partir / midi → ....

⟳ Résultats : ... points sur 40

COMPRENDRE ET *Agir*

1 📖 ▶ Livre de l'élève p. 94 **Relisez la biographie. Sept erreurs se sont glissées dans le texte suivant. Soulignez-les, puis corrigez-les.**

Olivia Blanc, née le 1ᵉʳ juillet 1980, s'appelle en réalité Olivia Ruiz. À 12 ans, elle forme un groupe et chante des chansons françaises. Plus tard, lorsqu'elle est connue, elle s'oriente vers la chanson rock. En 2001, elle gagne la *Star Academy*. Elle met du temps à avoir du succès mais finalement, en 2004, elle remporte un prix aux Victoires de la musique.

1. ....

2. ....

3. ....

4. ....

5. ....

6. ....

7. ....

2 Qui suis-je ?

1. Je suis né le 28 mai 1974 à Paris. C'est par hasard que je deviens acteur et célèbre grâce au film de Klapisch, *Le Péril jeune*, en 1994. Je suis reconnu internationalement avec le film *L'Auberge espagnole* (2002). En 2006, j'obtiens le prix de l'Étoile d'Or du Premier rôle masculin pour mon interprétation dans le film *De battre mon cœur s'est arrêté*, de Jacques Audiard.

Je suis ....

2. Je suis née le 9 août 1976 en Auvergne. Après avoir passé mon baccalauréat, je me suis inscrite aux célèbres cours Florent et j'ai décroché un premier rôle important dans *Vénus beauté* de Tonie Marshall en 1998, qui m'a valu le César du Meilleur espoir féminin. Je suis connue à l'étranger grâce au film *Le Fabuleux destin d'Amélie Poulain*. En 2001, j'ai commencé une carrière internationale *(Da Vinci code)*.

Je suis ....

3 Complétez ces biographies à l'aide des mots ou expressions donnés.

1. *prix – chanteur – quotidienne – disques – populaires – auteur*

.... de chansons .... qui décrivent des situations de la vie .... ,

ce .... né en 1969 en région parisienne a reçu de nombreux .... :

une Victoire de la musique du « Meilleur artiste interprète masculin de l'année » en 2007, et une autre pour

« La chanson originale de l'année » : *Le dîner*. Il fait partie des chanteurs français actuels qui vendent

le plus de .... C'est ....

2. *apparaît au cinéma – carrière – rôle – remporte un prix – à l'âge de – album –*
    le succès est au rendez-vous

Célèbre .... 14 ans grâce à son tube *Joe le taxi* elle commence une ....

de chanteuse. .... lorsque Serge Gainsbourg et Lenny Kravitz lui composent chacun un .... Elle .... et .... : le César

du meilleur espoir féminin pour son .... d'adolescente perdue dans *Noces blanches*

de Jean-Claude Brisseau. Elle vit aujourd'hui avec l'acteur américain Johnny Depp et ils ont deux enfants.

C'est ....

4 📖 ▶ Livre de l'élève p. 95 **Réécoutez l'interview et répondez aux questions.**

1. D'où est originaire Gad Elmaleh ? ....

2. Où a-t-il vécu ? ....

3. À quel âge a-t-il quitté son pays ? ....

4. Pourquoi est-il parti ? ....

5. Qu'est-ce qui, selon lui, est un moyen de communication ? ....

5 **Complétez l'interview à l'aide des questions suivantes :**

À quel âge avez-vous commencé ? – Qu'est-ce qui vous a poussé à devenir pianiste ? –
Où va avoir lieu votre prochain concert ? – D'où venez-vous ? – Quel est votre meilleur souvenir ?

JOURNALISTE : ....

PIANISTE : Je suis originaire de Provence, d'Aix-en-Provence exactement.

JOURNALISTE : ....

PIANISTE : Pas si jeune, vers 12 ans mes parents m'ont inscrite à l'école de musique de ma ville.

JOURNALISTE : ....

PIANISTE : C'est venu tout naturellement. J'étais une enfant très solitaire et je me suis épanouie grâce
à la musique. Alors il m'a semblé normal d'en faire mon métier.

JOURNALISTE : ....

PIANISTE : Lorsque j'ai gagné le premier prix du Conservatoire, en 2001, puis un concert à Moscou, en 2003.

JOURNALISTE : ....

PIANISTE : À Paris, à l'opéra Garnier, le 12 mars prochain.

6 **Vous faites l'interview d'un comédien. Posez-lui les bonnes questions.**

VOUS : .... ?

COMÉDIEN : J'ai toujours adoré le spectacle. Petit, mon oncle m'emmenait au théâtre voir des pièces presque
tous les dimanches.

VOUS : .... ?

COMÉDIEN : Pas du tout. J'ai joué dans *Un air de famille*, d'Agnès Jaoui et de Jean-Pierre Bacri.
Et après j'ai été contacté par un grand metteur en scène qui m'avait vu.

VOUS : .... ?

COMÉDIEN : Pourquoi pas ? Mais pour le moment, j'ai trop de plaisir à être acteur.

GRAMMAIRE

La forme passive (2)

1 Dites à quel temps sont ces phrases : *présent, futur simple, futur proche, passé récent, passé composé, imparfait, plus-que-parfait.*

    1. Il sera interviewé par un célèbre présentateur. → ....

    2. Tu es recherché par un fan. → ....

    3. Nous avons été surpris par les paparazzis. → ....

    4. Vous étiez filmée au restaurant. → ....

    5. Elles vont être nommées aux Césars. → ....

    6. Nous avions été photographiés. → ....

    7. Je viens d'être reçue par l'artiste. → ....

2 Terminez les phrases et dites si elles sont actives (A) ou passives (P).

    1. Elle a été reconnue *par ses admirateurs.* → P

    2. Nous avons été invités ....

    3. Ils étaient venus ....

    4. Vous êtes partis ....

    5. Je viens d'être primé ....

Le discours indirect au présent

3 Écrivez ces phrases au discours indirect avec le verbe indiqué, comme dans l'exemple.

    Exemple : (dire) « Il est en train de se garer. » → *Il dit qu'il est en train de se garer.*

    1. (demander) « Quelle heure est-il ? » → ....

    2. (expliquer) « La tournée est annulée. » → ....

    3. (répondre) « Je ne vais pas y aller. » → ....

    4. (crier) « J'en ai marre ! » → ....

    5. (annoncer) « Je me suis mariée ce week-end ! » → ....

    6. (affirmer) « J'ai été nominée aux Césars. » → ....

Le discours indirect au passé

4 Écrivez ces phrases au discours indirect.

    1. Il a dit : « Je serai là. » → ....

    2. Il a assuré : « Je n'ai pas fait ça ! » → ....

    3. Vous avez affirmé : « On ne nous a pas laissés entrer. » → ....

4. Il a déclaré : « J'ai eu peur ! » → ....

5. Elles ont répondu : « Nous ne viendrons pas. » → ....

6. Elle a dit : « Je n'accepterai jamais. » → ....

5 Écrivez des phrases au discours indirect au passé en utilisant :

dire que – jurer que – déclarer que – expliquer que.

1. ....

2. ....

3. ....

4. ....

6 Transformez ces phrases au discours direct, comme dans l'exemple.

Exemple : Il disait qu'il t'avait vu lundi. → *Il disait : « Je l'ai vu lundi. »*

1. Tu lui as dit qu'elle était attendue. → Tu lui as dit : ....

2. Ils ont dit qu'ils n'iraient pas le voir. → ....

3. Elles ont expliqué qu'elles n'avaient pas entendu. → ....

4. Il a dit qu'il fallait qu'elle vienne vite. → ....

Les indicateurs temporels (3)

7 Complétez avec l'indicateur de temps qui convient.

1. .... 8 jours .... je suis au régime.

2. J'ai fait le régime .... 8 jours.

3. Moi, je le ferai .... un mois.

4. J'ai arrêté le sport .... un an, maintenant je reprends l'entraînement.

5. J'ai arrêté de fumer .... un an et maintenant je me sens beaucoup mieux.

6. Je joue du piano .... l'âge de 8 ans.

8 Complétez correctement les phrases.

1. Elle attend le train ....

2. Ils ont parlé ....

3. Ils se sont revus ....

4. La machine est en panne ....

5. On n'a pas pu boire de café ....

il y a 10 jours

depuis une heure

pendant tout le trajet

pendant une semaine

depuis la semaine dernière

1 📖 ▶ Livre de l'élève p. 98 **Relisez les textes et complétez le tableau quand c'est possible.**

Titre du spectacle	Genre	Réalisateur / Metteur en scène	Artiste
....	*Cinéma*	....	....
....	....	....	*Zazie*
....	*Théâtre*	....	....

2 **Associez le titre du film au festival qui lui correspond.**

1. Festival de cinéma (Cannes)　　•

2. Festival du film d'horreur (Avoriaz)　•

3. Festival du film policier (Cognac)　•

4. Festival du film comique (Meudon)　•

5. Festival du film documentaire (Lussas) •

　　• **a.** *Un flic sous le réverbère*

　　• **b.** *Les collèges ruraux de France*

　　• **c.** *La femme d'à côté*

　　• **d.** *La nuit des morts-vivants*

　　• **e.** *Mort de rire !*

3 **Associez ces critiques au genre de film qu'elles décrivent.**

1. En transposant sa propre BD à l'écran, Marjane Satrapi réussit vraiment à donner vie à ses personnages. Le noir et blanc et la simplicité du dessin ne sont pas un handicap, bien au contraire. •

2. Une journaliste enquête sur une série de meurtres commis aux abords d'usines américaines. Entre les intérêts économiques et politiques, les pistes vont s'avérer dangereuses pour la journaliste... •

3. L'histoire des oiseaux migrateurs est celle de la promesse... La promesse du retour. Jacques Perrin ne nous propose pas d'explications, seulement des images merveilleuses ne pouvant nous suggérer qu'admiration, émotion et respect. •

　　• **a.** film policier

　　• **b.** film d'animation

　　• **c.** film documentaire

4 **Complétez ces critiques à l'aide des expressions suivantes :**

C'est magnifiquement interprété ! – 2 heures de pur bonheur ! – L'histoire n'est pas très crédible. – Ce spectacle n'a aucun intérêt. – N'allez pas voir cette pièce ennuyeuse.

1. Un récit compliqué, des situations improbables, difficile de s'intéresser au film : ....

2. Nous n'oublierons jamais Louise Palmier dans son premier rôle ! : ....

3. En plus les fauteuils sont inconfortables... Louez un DVD et restez à la maison ! ....

4. Du début à la fin de la pièce, la bonne humeur ne nous quitte pas : ....

5. Aucune originalité dans cette représentation, Laurent Polvert nous déçoit dans sa mise en scène :

....

5 📖 ▶ Livre de l'élève p. 99 **Réécoutez le document.**

1. Dites ce que chacune des personnes interviewées pense de Faïza Guène.

    1. Lise : ....

    2. Claire : ....

    3. Fadela : ....

    4. Homme : ....

    5. Femme : ....

2. Retrouvez l'ordre d'apparition de ces informations sur Faïza Guène.

    1. Elle a de l'humour et de l'optimisme. → ....

    2. Elle a publié un deuxième roman qui s'appelle *Du rêve pour les oufs*. → ....

    3. Elle participe au Salon du Livre de Paris. → ...1...

    4. Elle est un écrivain très à la mode. → ....

    5. Elle va signer des autographes. → ....

    6. Elle se bat pour des causes politiques. → ....

    7. Elle va présenter son deuxième roman. → ....

6 **Vous donnez votre impression sur un livre. Complétez ces commentaires :**

    1. Son dernier livre n'est pas terrible : ....

....

    2. C'est mon auteur préféré ! Ces BD sont drôles et il a une façon vraiment spéciale de dessiner : ....

....

    3. Franchement, tu en lis un ou dix, c'est toujours pareil : ....

....

    4. J'aime beaucoup ce livre, en plus ça se passe dans mon pays : ....

....

    5. Ce bouquin ? Je l'ai lu 3 fois ! : ....

....

GRAMMAIRE

Les adverbes en -ment

1 Observez les adverbes et donnez l'adjectif de la même famille.

1. méchamment – évidemment – rapidement – joliment – gentiment – éperdument

Au masculin : ....

2. fraîchement – complètement – follement – joyeusement – doucement – agressivement

Au féminin : ....

2 Formez les adverbes à partir des adjectifs.

1. laid → ....

2. triste → ....

3. honnête → ....

4. violent → ....

5. plaisant → ....

6. gai → ....

7. propre → ....

8. lent → ....

9. poli → ....

10. posé → ....

3 Placez l'adverbe au bon endroit, comme dans l'exemple.

Exemple : (certainement) Il n'était pas avec moi ! → *Il n'était **certainement** pas avec moi !*

1. (beaucoup) Je regarde la télévision. → ....

2. (peu) Ce programme est intéressant. → ....

3. (souvent) J'ai assisté à ce type de spectacles. → ....

4. (tellement) C'était bien joué que j'y ai cru. → ....

5. (complètement) J'ai oublié de lui dire ! → ....

6. (sûrement) C'est terminé maintenant. → ....

7. (absolument) Ce numéro est nul. → ....

Les superlatifs (2)

4 Faites des phrases avec des superlatifs relatifs, comme dans l'exemple.

Exemple : film – réaliste → C'est *le film le plus réaliste/l'un des films les plus réalistes.*

1. exercice – facile → C'est ....

2. titre – original → C'est ....

3. histoire – invraisemblable → C'est ....

4. mime – expressif → C'est ....

5 **Remettez ces phrases dans l'ordre.**

1. l'acteur / c'est / de / plus / l'année / le / drôle

→ ....

2. la / c'est / scène / impressionnante / plus / la / de cascade

→ ....

3. c'est / plus / couverture / la / la / originale / de livre

→ ....

4. plus / commentaires / les / élogieux / ce sont / les

→ ....

5. roman / c'est / meilleur / que / d'amour / le / j'ai lu

→ ....

6. le / que / feuilleton / plus / vu / c'est / j'ai / mauvais / jamais

→ ....

6 **Contestez ces affirmations, comme dans l'exemple.**

Exemple : – C'est son meilleur roman.
   – Non, mais *c'est l'un des meilleurs.*

1. – Cette pièce est la plus amusante.

– Non, mais ....

2. C'est le meilleur prix littéraire.

– Non, mais ....

3. Le festival d'Avignon est le plus important festival de théâtre.

– Non, mais ....

4. Rome est la plus belle ville du monde.

– Non, mais ....

5. L'Arc de Triomphe est le monument parisien le plus visité.

– Non, mais ....

7 **Transformez ces phrases, comme dans l'exemple.**

Exemple : C'est l'une des plus belles œuvres. → *C'est l'une des œuvres les plus belles.*

1. C'est l'un des plus sympathiques personnages. → ....

2. C'est l'une des plus drôles séries. → ....

3. C'est l'une des plus grandes salles. → ....

4. C'est l'un des plus célèbres cinémas. → ....

5. C'est l'une des plus stupides fins. → ....

Vocabulaire

1 **Associez les synonymes entre eux.**

1. être passionné de •
2. se tourner vers •
3. remporter un titre •
4. avoir du succès •
5. rétorquer •
6. nom d'artiste •

• **a.** répondre sèchement
• **b.** être célèbre
• **c.** aimer beaucoup
• **d.** nom de scène
• **e.** s'orienter vers
• **f.** gagner un prix

2 **Associez le style musical à son pays d'origine.**

1. salsa •
2. rock •
3. zouk •
4. tango •
5. tarantella •
6. flamenco •
7. sirtaki •
8. polka •
9. valse •

• **a.** Argentine
• **b.** Espagne
• **c.** USA
• **d.** Autriche
• **e.** Pologne
• **f.** Cuba
• **g.** Italie
• **h.** Antilles françaises
• **i.** Grèce

3 **Barrez l'intrus dans ces listes de mots.**

1. chanson – partition – sitcom – note – micro
2. salle – projection – court-métrage – billet – petit écran
3. scène – rideau – couverture – fauteuil – comédien
4. Goncourt – page – chapitre – enregistrement – auteur
5. téléfilm – dédicace – publicité – divertissement – informations

4 **Associez instrumentistes et instruments.**

1. violoniste
2. violoncelliste
3. trompettiste
4. saxophoniste
5. guitariste
6. clarinettiste
7. batteur
8. accordéoniste
9. pianiste
10. harpiste

a.
b.
c.
d.
e.

f.
g.
h.
i.
j.

5 **À l'aide des éléments donnés, dites ce que fait :**

1. LE SPECTATEUR
   éteindre son téléphone portable – applaudir – lire/écouter les critiques – être très attentif – aller aux toilettes

   a. Pour choisir un spectacle, il ....

   b. Avant le début du spectacle, il ....

   c. Pendant le spectacle, il ....

d. À l'entracte, il pourra ....

e. À la fin du spectacle, il ....

2. LE TÉLÉSPECTATEUR
prendre la télécommande – zapper – éteindre la télé – lire le programme –
aller à la cuisine chercher un verre d'eau

a. Avant de choisir un film, il ....

b. Si le film est ennuyeux, il ....

c. Pendant la publicité, il ....

d. Pour baisser le son, il ....

e. Après le film, il ....

3. LE LECTEUR
aller à la bibliothèque – s'installer confortablement – donner ses impressions – tourner les pages –
aller à la librairie

a. Pour acheter un livre, il ....

b. Pour emprunter un livre, il ....

c. Avant de lire, il ....

d. Pendant la lecture, il ....

e. À la fin du livre, il ....

Phonie-graphie

6 **Complétez les mots suivants avec le son [ã].**

Aut....t ....porte le v....t ! ....core, un film rom....tique, on .... a vu un v....dredi !

.... att....d....t, écoute cette ch....son de J.... Lebl....c, c'est un ch....teur holl....dais

politiquem....t ....gagé.

7 **Barrez l'intrus.**

1. sûrement – méchamment – chargement – légèrement
2. sauvagement – patiemment – totalement – attroupement
3. règlement – docilement – équipement – embêtement

8 **Continuez cette poésie.**

Le petit cheval dans le mauvais temps,	Un jour, ...
Qu'il était vieux et lent,	....
Il allait toujours droit devant,	....
Contre tous les vents.	....

1 📖 ▶ Livre de l'élève p. 104 **Relisez l'article. Expliquez ce qu'est le Vélib' et faites la liste de tous les avantages du Vélib'.**

Vélib' = ...

Avantages : . . . .

. . . .

2 **Vous participez à un blog. Vous donnez votre avis.**

> ### BLOG   Forum
>
> LUKE : J'ai eu l'idée de louer des rollers à la journée. Qu'en pensez-vous ?
>
> LITIA : C'est une super idée ! Moi j'adore faire du roller. Ça va être un succès énorme !
>
> PATU : Mais ça ne marchera jamais, tu ne crois pas que les gens vont échanger leurs chaussures... en tout cas, moi ça ne me plairait pas.
>
> . . . . . : . . . .
>
> . . . .

3 **Mettez le texte dans l'ordre.**

a. Plus de problème pour faire ses devoirs !

b. Alors n'attendez plus, rendez-vous sur www.allo-prof.com !

c. Un nouveau concept : « Allô prof » !

d. Immédiatement, un enseignant spécialisé vous répond.

e. Connectez-vous à « Allô prof » et posez votre question :

f. Vous n'arrivez pas à faire un exercice de français ou de maths ?

g. Mais aussi une bibliothèque, une cyber-classe, un forum... vous attendent.

h. Et en plus, c'est amusant !

a	. . . . .
b	. . . . .
c	*1*
d	. . . . .
e	. . . . .
f	. . . . .
g	. . . . .
h	. . . . .

4 **Complétez le dialogue avec les expressions suivantes :**

n'as pas les pieds sur terre – n'hésite pas – vas-y – ça ne marchera jamais – n'as pas le sens des réalités – ça va être un succès énorme.

ERIK : Tu travailles avec « Allô prof » ? mais qu'est-ce que c'est ?

JANE : C'est un nouveau concept pour avoir un prof virtuel à domicile, ... !

ERIK : . . . . c'est trop compliqué. Tu . . . . Jane !

JANE : C'est toi qui . . . . il y a de plus en plus de gens qui se connectent,

tous les soirs : des jeunes et aussi des adultes qui veulent s'informer.

ERIK : Bon, si tu le dis alors . . . . fonce !

JANE : . . . . à en parler à tes amis.

5 📖 ▸Livre de l'élève p. 105 **Réécoutez le document et expliquez la phrase suivante en citant des exemples du texte :**

« Le plus important ce n'est pas de consommer *moins* mais de consommer *mieux*. »

....

....

6 **Lisez ces brèves et rapportez les faits en utilisant les expressions suivantes :**
On m'a dit que... / Il paraît que... / J'ai entendu dire que... / Est-ce que vous savez que...
Vous donnerez ensuite votre avis sur chacune de ces annonces.

1. Les biocarburants sont des combustibles liquides d'origine agricole obtenus à partir de matières organiques végétales ou animales. Le développement des biocarburants se poursuit en France et dans le monde. Cette nouvelle énergie renouvelable pourrait être l'énergie de demain.

Il paraît que les biocarburants se développent ....

....

....

....

2. Gaz de France et l'enseigne de grande distribution Carrefour ont inauguré, le 9 novembre à Toulouse, la première station-service en France délivrant du carburant gaz naturel. Elles sont en nombre de 800 en Allemagne et 700 en Italie...

....

....

....

....

3. Selon plusieurs études, l'énergie est de mieux en mieux utilisée notamment en Europe mais cette amélioration a tendance à ralentir. De nouveaux efforts sont donc nécessaires et le Conseil Mondial de l'Énergie propose quelques pistes en ce sens.

....

....

....

....

4. De plus en plus d'entreprises de l'alimentaire et de la consommation s'engagent pour tenter de réduire les déchets d'emballages ménagers à la source mais aussi accroître le recyclage et l'usage des matériaux recyclés.

....

....

....

....

7 **Imaginez le début de chaque phrase.**

1. .... c'est incroyable !

2. .... c'est extraordinaire !

3. .... ce n'est pas possible, tu plaisantes !

4. .... vraiment ? Je n'en reviens pas !

GRAMMAIRE

La restriction

1 **Complétez librement, comme dans l'exemple.**

Portrait de Lisa

Exemple : Elle ne mange pas beaucoup. → *Elle **ne** mange **qu'**un fruit pour déjeuner.*

1. Elle ne dort pas assez. → ....

2. Elle travaille peu. → ....

3. Elle a suivi des études courtes. → ....

4. Elle ne fait pas beaucoup de sport. → ....

5. Elle voit très peu ses parents. → ....

2 **Dites le contraire, comme dans l'exemple.**

Portrait de Luc

Exemple : Il mange peu de viande. → *Il **ne** mange **que** de la viande.*

1. Il a énormément de cheveux. → ....

2. Il a beaucoup de travail. → ....

3. Il passe toutes ses vacances à la plage. → ....

4. Il regarde la télé toute la semaine. → ....

5. Il se déplace en métro. → ....

Les indéfinis (3)

3 **Répondez librement aux questions en utilisant *n'importe...* .**

Ce soir, dis-moi...

1. Qui est-ce qui viendra ? *N'importe qui.*

2. Quand est-ce que les invités doivent arriver ? ....

3. À quelle heure ? ....

4. Comment je dois m'habiller ? ....

5. Je mets ma robe rouge ou ma jupe noire ? ....

6. Qu'est ce que je dois apporter ? ....

7. Où est-ce que je peux laisser mes affaires ? ....

4 **Complétez les réponses de Luc en utilisant *n'importe lequel (attention à l'accord).***

JULIE : Je n'arrive pas à choisir entre ces deux écharpes, la verte ou la rouge ?

LUC : ...., les deux sont en laine.

JULIE : Et entre ces chaussures, les grises ou les noires ?

LUC : ...., elles doivent être confortables.

JULIE : Et entre ces deux paires de gants, la bleue ou la marron ?

LUC : ...., les deux sont fourrées.

JULIE : Et entre ces deux bonnets, le blanc ou le violet ?

LUC : .... mais il faut choisir maintenant !

La conséquence

5 **Complétez le texte suivant avec :** *donc, alors, par conséquent, c'est pour ça que, c'est pourquoi.*

En Afrique, la situation climatique est catastrophique : les températures augmentent sans cesse, les

sécheresses se succèdent. .... les Wodaabés sont parmi les derniers nomades d'Afrique.

Il reste .... très peu de nomades, la plupart sont partis dans les villes. ....

.... les villes sont surpeuplées et qu'il n'y a pas assez de travail pour tout le monde.

.... l'intervention des gouvernements et les aides humanitaires sont indispensables.

.... tous ensemble, agissons.

6 **Dans les phrases suivantes, soulignez la conséquence, comme dans l'exemple.**

Exemple : La terre se réchauffe. / <u>Les glaciers fondent</u>.

1. Les glaciers fondent. / Le niveau de l'eau monte.

2. La pollution augmente. / La population augmente.

3. Il faut fermer le robinet quand on se lave les dents. / L'eau devient rare.

4. Les arbres sont une réserve d'oxygène. / Il faut protéger la nature.

5. La planète est en danger. / Il faut défendre la planète.

7 **Reprenez les propositions de l'exercice 6 et faites des phrases en utilisant :** *par conséquent, c'est pourquoi, c'est pour ça que, donc, alors.*

Exemple : La terre se réchauffe, **c'est pourquoi** les glaciers fondent.

1. ....

2. ....

3. ....

4. ....

5. ....

COMPRENDRE ET *Agir*

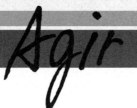

MODULE 4

Leçon 16

1 📖 ▶ Livre de l'élève p. 108 **Relisez le texte.**

1. Vous utiliserez les informations données sur *L'Heure joyeuse* pour écrire une annonce qui fera connaître l'association.

> ....
>
> ....
>
> ....
>
> ....
>
> ....

2. Expliquez avec vos propres mots la phrase suivante.

« Et pour lui, il est indispensable que les artistes soient présents sur le terrain politique et social, car il faut que les exclus aient une voix ».

....

Êtes-vous d'accord avec cette affirmation ? Donnez des exemples concrets.

....

2 **Complétez le texte suivant à l'aide de ces expressions :**

lutter en faveur – soutenir – s'engager – défendre.

L'actrice Josiane Balasko .... l'association *Droit au logement*. Avec d'autres personnalités,

elle .... la cause des mal-logés. Elle .... et .... du respect

des droits au logement.

3 📖 ▶ Livre de l'élève p. 109 **Réécoutez les deux témoignages et relevez les mots qui appartiennent au domaine du travail et de la vie associative.**

Travail	Vie associative
....	....
....	....
....	....
....	....

4 **Complétez la liste suivante.**

Le bénévolat est enrichissant, il permet de :
– *participer à l'amélioration de la société*

– ....

– ....

– ....

– ....

5 Vous avez décidé de vous investir dans une association. Vous avez trouvé un site Internet qui vous aide à choisir l'association qui vous correspond le plus. Répondez librement aux questions suivantes.

1. Est-ce que je veux donner du temps, de l'argent ou autre chose ? ....

2. Qu'est-ce que je sais faire et que je peux faire partager aux autres ? ....

3. Quelles sont mes principales qualités ? ....

4. Dans quel domaine je souhaite m'impliquer ? ....

5. Quelle cause j'aimerais servir ? ....

6. Est-ce que je veux travailler en équipe ou individuellement ? ....

7. Je préfère travailler sur le terrain ou au local de l'association ? ....

8. Combien de temps je peux y consacrer par semaine, par mois ? ....

6 Vous participez à un blog. Réagissez en utilisant les constructions suivantes :
C'est une honte ! – C'est inadmissible ! – Ça me révolte. – Je trouve ça injuste.

BLOG   Forum

De nombreuses personnes dorment encore dans les rues. Pensez-vous qu'il est préférable d'instituer un droit à l'hébergement immédiat, même précaire, ou un véritable droit au logement, c'est-à-dire un vrai logement individuel pour chaque ménage ?

....

....

....

....

7 Associez ces associations à leur domaine d'action.

a. SANTÉ   b. ÉDUCATION   c. ENVIRONNEMENT   d. MUSIQUE   e. SOCIÉTÉ   f. SPORT   g. MONDE

1. Association « Enfants du monde – droits de l'homme »
2. Association laïque pour l'éducation et la formation professionnelle des adolescents
3. Association pour la prévention de la pollution atmosphérique
4. Confédération de la consommation, du logement et du cadre de vie
5. Fédération pour l'enseignement des malades à domicile et à l'hôpital
6. Fédération nationale des groupes folkloriques français
7. Jeunesse au plein air

GRAMMAIRE

La nécessité

1 **Transformez les phrases, comme dans l'exemple.**

Exemple : (nécessaire) Les gens s'entraident.
→ *Il est nécessaire que les gens s'entraident.*

1. (important) Nous luttons ensemble contre l'injustice. → ....

2. (indispensable) Les bénévoles sont disponibles. → ....

3. (utile) Les acteurs s'engagent dans la vie sociale. → ....

4. (urgent) L'État sort les exclus de leurs difficultés. → ....

2 **Avec les éléments suivants, construisez des phrases correctes.**

1. nécessaire / il / quelque chose / est / de / rapidement / faire

....

2. prennent / il / la / leurs / est / à / responsabilités / face / politiques / que / urgent / les / misère

....

3. que / trouvent / un / des / qualifiées / essentiel / c'est / personnes / travail

....

4. bien / plus / d' / personnes / les / c'est / aider / les / défavorisées.

....

5. des / de / toujours / important / a / est / on / s'entraider / car / besoin / autres / il

....

Le but

3 **Complétez les phrases avec *de* ou *que*.**

1. Il est allé rue du bac afin ...... s'inscrire comme bénévole.

2. Cette association lutte afin ...... tout le monde ait un toit pour l'hiver.

3. Pour ...... les choses soient claires, il faut parler.

4. On prépare des repas afin ...... ne pas laisser des gens mourir de faim.

4 **Imaginez la fin de ces phrases.**

Exemple : La société doit aider les familles *afin que les enfants puissent aller à l'école.*

1. Les bénévoles sont disponibles ....

2. Les personnalités s'engagent ....

3. Que pouvons-nous faire .... ?

4. Un engagement au quotidien .... !

L'impératif avec un pronom

5 **Complétez les phrases à l'aide de l'impératif**

Que dites-vous à quelqu'un qui :

Exemple : est énervé : *Calme-toi, ne t'énerve pas ainsi.*

1. parle trop : ....

2. a peur : ....

3. est impatient : ....

4. hésite : ....

6 **Transformez ces phrases affirmatives en phrases négatives.**

1. Dis-le. ≠ ....

2. Téléphone-lui demain. ≠ ....

3. Penses-y. ≠ ....

4. Parlez-moi. ≠ ....

5. Asseyons-nous. ≠ ....

7 **Conjuguez correctement les verbes de ce texte.**

« .... (manger) ta soupe. .... (se tenir) droit. .... (manger) lentement. .... (ne pas manger) si vite. .... (boire) en mangeant. .... (couper) ta viande en petits morceaux. Tu ne fais que mordre et avaler. .... (ne pas jouer) avec ton couteau. Ce n'est pas comme ça qu'on tient sa fourchette. On ne chante pas à table. .... (vider) ton assiette. .... (ne pas se balancer) sur ta chaise. .... (finir) ton pain. .... (pousser) ton pain. .... (mâcher). .... (ne pas parler) la bouche pleine. .... (ne pas mettre) tes coudes sur la table. .... (ramasser) ta serviette. .... (ne pas faire) de bruit en mangeant. Tu sortiras de table quand on aura fini. .... (essuyer) ta bouche avant de m'embrasser. Cette petite liste réveille une foule de souvenirs, ceux de l'enfance... C'est très longtemps après qu'on arrive à comprendre qu'un dîner peut être un véritable chef-d'œuvre. »

(Jean COCTEAU)

Vocabulaire

1 Que pouvons-nous faire dans ces lieux pour respecter l'environnement ?

Exemple : Dans le jardin → *arroser les plantes tôt le matin ou tard le soir.*

1. Dans le salon → ....

2. Dans la chambre → ....

3. Dans la cuisine → ....

4. Dans la salle de bains → ....

5. En promenade → ....

6. Au bureau → ....

2 Associez ces déchets à la poubelle appropriée (BAC JAUNE : cartons, journaux, papier, plastique, boîtes métalliques, petits appareils électriques ; BAC BLANC : pots, bouteilles en verre ; BAC VERT : tout ce qui n'est pas recyclable).

3 Inventez des concepts pour ces moyens de transports, comme dans l'exemple.

Exemple : Vélib' = *vélo* + *liberté* → C'est un vélo en libre-service.

1. *Motorap'* = ... + rapide

   C'est ....

2. .... = métro + ...

   C'est ....

3. .... = bus + ...

C'est ....

4. .... = ... + économique

C'est ....

5. .... = ... + propre

C'est ....

4 **Retrouvez ce que signifient les sigles suivants. Aidez-vous d'un dictionnaire.**

1. CO2 = ...

2. UE = ...

3. ONG = ...

4. ONU = ...

5. FMI = ...

5 **Utilisez ces verbes dans les slogans correspondants.**

consommer – défendre – protéger – respecter – sauver

1. .... l'environnement !

2. .... la planète !

3. .... mieux !

4. .... les animaux !

5. .... les forêts !

6 **Classez ces dix mots du plus important au moins important pour vous.**

L'amour	L'amitié	**1.** .... **2.** ....
L'honnêteté	La fidélité	**3.** .... **4.** ....
La tolérance	La générosité	**5.** .... **6.** ....
La justice	La politesse	**7.** .... **8.** ....
La solidarité	Le respect	**9.** .... **10.** ....

Phonie-graphie

7 **Complétez avec -*tion*, -*sion* ou -*ssion*.**

Pendant notre discu........, à l'associa........, je lui ai bien dit de me donner la dernière ver........

de la traduc........ . J'ai fait beaucoup de révi........ sur les expre........ et je lui ai donné toutes

les explica........ . Il pourrait faire atten........ !

AutoÉvaluation

Je peux interviewer un artiste

... / 7 points (1 point par association)

1 Associez les réponses aux questions dans cette interview.

1. Bonjour Audrey, tu vas participer au prochain casting de l'émission *La nouvelle star*. Peux-tu nous expliquer ta motivation ?
2. D'où te vient ton envie de chanter ?
3. As-tu aussi tenté d'autres émissions comme *Pop star, Star academy*, etc. ?
4. Quelles sont tes inspirations ? tes modèles ?
5. Écris-tu des textes ou des musiques ?
6. Avec quel(s) auteur(s)/compositeur(s) aimerais-tu travailler ?
7. Si tu ne deviens pas artiste que feras-tu ?

a. Oui, mais je n'ai pas eu de réponse.
b. Non, je suis juste une interprète.
c. C'est désormais un des seuls moyens pour les jeunes artistes de se faire connaître du public.
d. J'ai réussi mon CAPES de Lettres Modernes et j'enseigne le français dans un collège.
e. Du ventre de ma maman ! Je chante depuis toute petite.
f. J'aime énormément la variété francophone.
g. J'aimerais bien travailler avec Daniel Seff et Didier Golemanas.

Je peux rapporter les paroles de quelqu'un

... / 5 points (1 point par phrase)

2 Rapportez les paroles de Matthieu et de la journaliste au style indirect.

JOURNALISTE : Bonjour Matthieu, comment allez-vous ?
MATTHIEU : Très bien, merci.
JOURNALISTE : Je suis très heureuse de vous recevoir. Comment s'appelle votre dernier album ?
MATTHIEU : Il s'appelle *Louis, c'est dit,* c'est un titre en hommage à mon père.

La journaliste ....
....
....

Je peux situer un événement dans le passé

... / 4 points (1 point par réponse)

3 Complétez les phrases avec *il y a, ça fait, pendant, depuis.*

Il l'attend au café .... plus d'une heure. Ils ont parlé .... tout le déjeuner.

.... un an qu'ils ne s'étaient plus vus. Ils se sont revus le lendemain.

Maintenant .... un mois qu'ils se voient tous les jours.

Je peux faire une critique

... / 4 points (1 point par phrase)

4 Vous avez vu une pièce de théâtre qui vous a plu. Que dites-vous ?

1. ....
2. ....

Vous avez vu un film qui ne vous a pas plu. Que dites-vous ?

3. ....

4. ....

Je peux utiliser les adverbes en *-ment*   *... / 6 points (1 point par réponse)*

5 Transformez ces adjectifs en adverbes.

1. gentil → ....

4. lent → ....

2. vrai → ....

5. méchant → ....

3. sûr → ....

6. certain → ....

Je peux utiliser les superlatifs   *... / 4 points (1 point par phrase)*

6 Remettez ces phrases dans l'ordre. *C'est...*

1. le / de / série / la / épisode / meilleur / toute → ....

2. regardée / la / la / de / télé / chaîne / plus → ....

3. plus / que / film / jamais / le / j'ai / beau / vu → ....

4. livre / la / intéressant / le / plus / de / le / rentrée → ....

Je peux exprimer la surprise   *... / 3 points (1 point par phrase)*

7 Votre ami a trouvé de l'argent par terre dans la rue. Que dites-vous ?

1. ....

2. ....

3. ....

Je peux exprimer le but et la conséquence   *... / 7 points (1 point par réponse)*

8 Complétez le texte avec *pour que, afin de, comme, c'est pourquoi, en effet, c'est pour ça que, grâce à.*

.... protéger la planète, tout le monde doit participer .... je trie

mes poubelles. .... ce petit geste simple permet le recyclage. Le plastique est

difficile à recycler .... je fais attention aux emballages quand je fais mes courses.

.... tout le monde ne se sent pas responsable, je travaille dans une association

.... laquelle nous espérons impliquer la population. .... nos enfants

vivent dans un monde meilleur, on peut faire quelques efforts !

⊃ Résultats : ... points sur 40

1 📖 ▸ Livre de l'élève p. 120 **Réécoutez le document et répondez aux questions.**

1. À quel public s'adresse ce genre de jeu ? ....

2. Est-ce un jeu qui coûte cher ? ....

3. En général, quels sont les univers qui inspirent ces jeux ? ....

4. En 2007, combien de joueurs étaient inscrits ? ....

Citez un jeu qui s'adresse au même public et qui correspond au même univers : ....

2 **Lisez ces descriptifs. Vous donnerez un nom à chaque jeu, vous les associerez aux avis d'utilisateurs, puis vous en choisirez un en justifiant votre choix.**

1. Incarnez un Égyptien à la fin de l'Antiquité. Possédez votre propre champ et vivez de vos cultures afin de devenir artisan ou de vous impliquer dans la politique de votre village.

2. Devenez un magicien dans une école de magie. Suivez des cours pour acquérir des compétences, vous pourrez ensuite partir à l'aventure et lutter contre des monstres.

3. Entrez dans le monde mythique de l'Olympe ! Participez aux Jeux olympiques, remportez des médailles en or et devenez le Dieu de l'Olympe

4. Jeu de rôle massivement multi-joueurs dans un univers médiéval fantastique. Choisissez un personnage parmi quatre classes (guerrier, archer, magicien, moine) et faites-le évoluer.

5. Incarnez un empereur qui doit se constituer un empire planétaire. Devenez le plus puissant de la galaxie.

6. Organisez vos vols, achetez du matériel pour le revendre plus cher, élevez des chiens féroces pour vous aider dans l'ombre, prenez le contrôle de territoires, formez un clan pour affronter les autres ! Mais attention à la police !

a. On se croirait dans la Guerre des étoiles ! C'est très dynamique et original comme univers.

b. Ce jeu est assez répétitif et manque d'imagination : trop peu d'épreuves pour les futurs Dieux et toujours les mêmes !

c. C'est pas mal quand on a fini par comprendre les règles... un peu compliqué quand même de devenir sorcier...

d. C'est complètement immoral ! On peut se permettre d'être un voyou le temps d'une fiction !

e. Ce jeu est vraiment passionnant, même pour qui n'est pas passionné par l'Égypte comme moi. Il est facile à comprendre et rapide à jouer.

f. De vraies intrigues et beaucoup de mystère. C'est très prenant même s'il manque un peu de princesses à mon goût.

Jeux	Nom donné	Avis	Jeu préféré : pourquoi ?
1.	....	....	....
2.	....	....	....
3.	....	....	....
4.	....	...*f*...	....
5.	....	....	....
6.	....	....	....

3 Posez des questions pour comprendre une règle de jeu (sur les personnages, les joueurs, le but à atteindre, la durée...).

Exemple : *Que doivent faire les joueurs ?*

....

....

....

4 📖 ▶ Livre de l'élève p. 121 **Relisez les témoignages et récapitulez les épreuves vécues par Isabelle et Romain.**

Isabelle	Romain
attendre sous la pluie	....
....	....
....	....
....	....

5 Terminez les phrases avec ces propositions :
c'était un moment inoubliable. – j'avais le trac. – c'était un exercice difficile. –
c'était un vrai cauchemar.

1. J'étais tellement angoissée ! J'ai oublié mon texte pendant 1 minute : ....

2. Il m'a fait dire 20 fois la même phrase avec des intonations différentes : ....

3. Quand j'ai été sélectionné, j'ai ressenti une grande joie : ....

4. Quelle horreur ce casting ! J'ai attendu des heures sans manger ni boire : ....

6 Dites à quoi correspondent ces annonces.
a. un entretien professionnel – b. une participation à un jeu – c. une inscription à un concours –
d. un casting pour être figurant dans un film

1. Recherchons hommes et femmes entre 20 et 30 ans pour film tourné à Paris.
2. Vous êtes dynamique, volontaire et mobile ? Notre entreprise est faite pour vous.
3. Le métier de professeur est en pleine expansion. Renseignez-vous sur les épreuves et la préparation sur le site du ministère de l'Éducation et inscrivez-vous avant le 12 décembre.
4. Vous aimez rire et vous mettre en avant ? Participez à notre émission mensuelle.

1	2	3	4
......	......	......	......

GRAMMAIRE

L'opposition et la concession

1 Dites s'il s'agit d'une opposition (O) ou d'une concession (C).

1. Malgré tous mes efforts, je ne suis pas arrivé à temps. → ....

2. Je n'ai pas été sélectionné cette fois mais je ferai mieux la prochaine fois. → ....

3. Bien qu'il soit arrivé le premier, il est passé le dernier. → ....

4. J'ai perdu la course, pourtant je cours vite. → ....

5. Il n'a pas été choisi, par contre ils ont gardé son dossier. → ....

6. Même si j'étais déguisé, ils m'ont reconnu. → ....

2 Remplacer l'opposition *mais* par les oppositions *par contre* et/ou *alors que*.

1. Je n'aime pas les émissions de téléréalité mais les spectacles de variété.

....

2. Je veux bien participer à l'émission mais je n'attendrai pas des heures sous la pluie.

....

3. Il accepte d'assister à l'émission mais il refuse d'y participer

....

4. Ils sont très sérieux au travail mais ils deviennent de véritables enfants le temps d'un jeu.

....

5. Les costumes ne sont pas chers mais les décors le sont.

....

3 Transformez ces phrases. Remplacez *mais* par une concession *(même si, pourtant, malgré, bien que).*

1. Ces jeux plaisent mais il y a très peu d'inscrits.

....

2. Je suis arrivé le premier mais je n'ai pas gagné.

....

3. J'ai raté mon interprétation mais j'ai été sélectionné.

....

4. Je connaissais bien mon texte mais je l'ai oublié devant le jury.

....

5. J'ai joué pendant des heures mais je n'ai pas encore terminé la partie.

....

4 Choisissez une des oppositions ou des concessions suivantes pour construire des phrases :
alors que – par contre – mais – pourtant – même si – bien que.

Exemple : Je – s'inscrire à tous les castings – ne jamais être sélectionné
→ *Bien que je m'inscrive à tous les castings, je ne suis jamais sélectionné.*

1. Je – adorer le théâtre – détester les jeux de rôle

....

2. On – pouvoir jouer seul – être plus intéressant de jouer en équipe

....

3. La première épreuve – être difficile – les autres – ne pas être compliquées

....

4. Elle – gagner le concours – le public être difficile

....

L'hypothèse (2)

5 Associez fins et débuts de phrases.

1. Si elles venaient, ... •
2. Si on voulait, ... •
3. S'il savait la vérité, ... •
4. Si nous allions à cette fête, ... •
5. Si vous le voyiez, ... •
6. Si je choisissais un personnage, ... •

• **a.** vous ne le reconnaîtriez pas.
• **b.** ce serait un magicien.
• **c.** on pourrait aller en ville.
• **d.** nous nous amuserions.
• **e.** elles pourraient participer.
• **f.** il serait très fâché.

6 Entourez le temps qui convient.

1. Si j'avais un chat, je l'*appelais / appellerai / appellerais* Grougrou.
2. Si tu étais venu, tu *aurais / avais / auras* appris à la connaître.
3. Si elle nous avait prévenus, nous *avions / aurions / aurons* pu agir à temps
4. Si nous parlions moins fort, le bébé *dormira / dormait / dormirait* depuis longtemps.
5. Si vous marchiez plus vite, vous le *rattraperiez / rattraperez / rattrappiez*.
6. S'ils pouvaient, ils *parleront / parleraient / parlaient* sûrement.

7 Mettez les verbes au temps qui convient.

1. Si tu .... (lire) davantage, tu .... (savoir) plus de choses.

2. Si je .... (être malade), je .... (aller) chez le docteur.

3. Si on .... (savoir) dessiner, on .... (s'inscrire) au concours.

4. Si vous .... (se présenter) à un casting, vous .... (être) sélectionnées.

5. Si elles .... (voir) ça, elles .... (ne pas le croire).

6. S'il .... (chanter) moins faux, il .... (pouvoir) gagner.

1 📖 ▶ Livre de l'élève p. 124 **Relisez le document sur la Grande Braderie de Lille et complétez le tableau suivant.**

1. Nombre de visiteurs	....
2. Nombre de brocanteurs	....
3. Quantité de marchandises	....
4. Durée de l'événement	....
5. Quantité de moules	....
6. Quantité de frites	....
7. Quantité de déchets	....
8. Nombre d'hommes de service de propreté	....
9. Nombre de bennes	....

2 **Dites à quel type de marché correspondent ces produits.**

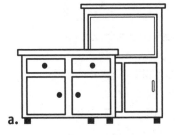  

a.   b.   c.   d.

1. marché à la volaille → ....   **3.** marché aux puces → ....

2. marché bio → ....   **4.** marché aux fleurs → ....

3 **Caractérisez chaque événement à l'aide de ces expressions :**

Ça n'existe nulle part ailleurs ! – C'est unique ! – C'est l'occasion de connaître la région. – C'est géant ! – C'est le plus grand concert de l'année !

1. Il y a eu 200 000 entrées vendues : ....

2. C'est le spectacle de l'année : ....

3. C'est un musée sur 20 étages : ....

4. Il n'y a qu'à Saint-Émilion que l'on peut voir ça ! : ....

5. C'est un festival de théâtre de rue dans le Cantal : ....

4 📖 ▶ Livre de l'élève p. 125 **Réécoutez le document et répondez aux questions.**

1. Qu'est-ce qu'un livre voyageur ? ....

2. Quel est le rêve des amoureux des livres ? ....

3. Que doit-on faire d'un livre voyageur ? ....

4. Comment sait-on ce que l'on doit faire avec ? ....

5. Où peut-on « relâcher » le livre ? ....

5 **Vous avez lu un livre formidable. Que pouvez-vous en faire maintenant ? Exposez les différentes possibilités.**

Ce que je peux faire de mon livre une fois lu :

– *Je le recommande à mes amis.*

– ....

– ....

– ....

– ....

6 **Expliquez comment cela fonctionne en faisant les bonnes associations.**

1. Pour regarder un film sur l'ordinateur •

2. Pour recharger la batterie
d'un téléphone portable •

3. Pour prendre le métro ou le bus •

4. Pour écouter de la musique •

• **a.** Tu achètes un ticket à l'unité et tu le passes dans la machine pour entrer sur les quais ou quand tu entres dans le bus.

• **b.** Tu allumes la chaîne stéréo, tu ouvres le tiroir à CD, tu mets le disque et tu appuies sur la touche *Play*.

• **c.** Tu allumes l'ordinateur, tu insères le DVD dans le lecteur, une fenêtre s'ouvre et tu cliques sur « lire ».

• **d.** Tu prends le chargeur, tu le branches au téléphone, puis tu le branches à la prise de courant.

7 **Choisissez un objet et expliquez son fonctionnement.**

1. ....

2. ....

3. ....

GRAMMAIRE

Les pronoms COI *en* et *y*

1 Supprimez le pronom et reconstruisez les phrases, comme dans l'exemple.

Exemple : De ses vacances ? Elle en rêve souvent. → *Elle rêve souvent **de ses vacances**.*

1. De son frère ? Elle s'en occupe beaucoup.

→ ....

2. De la musique ? Nous en écoutons le soir.

→ ....

3. De la clarinette ? Elle en joue depuis qu'elle est toute petite.

→ ....

4. De la cuisine ? Il en sort à l'instant.

→ ....

2 Faites des phrases en remplaçant les COI par le pronom *en*.

Exemple : Alex – parler de son voyage – rarement → *Alex **en** parle rarement.*

1. Il – vouloir de l'argent – de plus en plus → ....

2. On – trouver des arbres – dans le parc → ....

3. Vous – faire du ski – chaque hiver → ....

4. Je – manger de la soupe – souvent → ....

5. Ils – acheter des bonbons – tous les jours → ....

3 Retrouvez les activités que l'on fait selon ces lieux.

Exemple : Sur le pont d'Avignon : *on **y** danse.*

1. À l'université : ....

2. Au restaurant : ....

3. À la piscine : ....

4. Au bureau : ....

4 Répondez par *oui* et utilisez le pronom *en* ou *y*.

Exemple : Vous vous occupez de ce dossier ? → *Oui, je m'**en** occupe.*

1. Vous habitez à Lyon depuis deux ans ? → ....

2. Vous rêvez de manger une glace au chocolat ? → ....

3. Vous assisterez à cette émission demain ? → ....

4. Vous jouez de la guitare ? → ....

5. Vous participez au concours ? → ....

L'ordre des pronoms compléments

5 **Remplacez le/les nom(s) par le/les pronom(s) COD-COI.**

Exemple : Il achète le journal. → *Il l'achète.* / Il achète le journal au vendeur. → *Il le lui achète.*

1. Je donne la solution. → ....

Je donne la solution aux élèves. → ....

2. Elle emprunte un livre. → ....

Elle emprunte un livre à sa voisine. → ....

3. Nous offrons les cadeaux. → ....

Nous offrons les cadeaux à Valérie. → ....

4. Vous indiquez le chemin. → ....

Vous indiquez le chemin aux touristes. → ....

6 **Transformez ces phrases, comme dans l'exemple (pronom COI + pronom *en*).**

Exemple : Je parle à Marie de ce projet. → *Je lui en parle.*

1. Il a laissé du chocolat à ses amis. → ....

2. Nous achèterons des livres aux enfants. → ....

3. J'apporterai de la confiture à ma grand-mère. → ....

4. Vous vendez des tours Eiffel aux touristes. → ....

5. Ils achètent des moules au vendeur. → ....

7 **Reconstruisez ces phrases, comme dans l'exemple.**

1. Pronom COD + pronom *y* (pour un lieu)

Exemple : Il invite (nous) à la campagne. → *Il nous y invite.*

1. Il emmène (vous) chez le coiffeur. → ....

2. Il conduit (moi) en voiture à la gare. → ....

3. Il retrouve (toi) en ville. → ....

4. Il envoie (les lecteurs) à la librairie du centre-ville. → ....

2. Pronom réfléchi + pronom *y* (pour les verbes qui se construisent avec la préposition *à*)

Exemple : Nous nous attendons au pire. → *Nous nous y attendons.*

1. Je m'habitue au froid. → ....

2. Tu t'abonnes à une revue. → ....

3. Il s'accroche à la vie. → ....

4. Vous vous inscrivez à ce concours. → ....

Vocabulaire

1 Trouvez le nom correspondant au verbe.

1. réussir = ...

4. transformer = ...

2. sélectionner = ...

5. perdre = ...

3. participer = ...

6. échouer = ...

2 Classez ces mots dans le tableau selon leur domaine. Aidez-vous du dictionnaire pour les mots que vous ne connaissez pas.

mage – paysan – gangster – galaxie – sortilège – chevalier – artisan – planète – potion – moine – étoile – agent – sorcier – inspecteur – vaisseau – voleur

Science-fiction	Moyen Âge	Policier	Magie
....	....	....	....
....	....	....	....
....	....	....	....
....	....	....	....

3 Retrouvez dans la grille les mots suivants.

pratiquer – succès – fédération – joueur – accessoire – préparatifs – ~~partie~~ – rôle – combat

C	E	T	U	K	J	W	A	O	P	P	L	I
S	R	R	S	C	O	M	B	A	T	S	M	P
U	J	X	U	D	U	N	P	I	L	Y	T	V
P	F	A	C	C	E	S	S	O	I	R	E	U
A	Z	Q	C	Y	U	I	G	N	D	S	H	O
R	O	L	E	P	R	A	T	I	Q	U	E	R
T	P	C	S	O	Y	P	K	U	T	D	B	L
I	F	E	D	E	R	A	T	I	O	N	V	X
E	B	P	R	E	P	A	R	A	T	I	F	S

4 Associez les verbes à leurs synonymes.

1. transformer •
2. calculer •
3. coopérer •
4. surmonter •
5. résoudre •

• **a.** s'entraider
• **b.** métamorphoser
• **c.** vaincre
• **d.** trouver la solution
• **e.** compter

5 Trouvez le mot correspondant à la définition.

1. ville importante dans un secteur particulier = ...

2. les habitants de Lille = ...

3. des vendeurs au marché aux puces = ...

4. un marché où tout est soldé = ...

5. rendre la liberté = ...

6. un livre qui est usé = ...

6 Classez ces mots selon leur domaine.

une librairie – une foire – un bouquin – les puces – un polar – une brocante – des bouquinistes – un roman – une braderie – une bibliothèque

Les livres	Les marchés
. . . .	. . . .
. . . .	. . . .
. . . .	. . . .
. . . .	. . . .

7 Associez les contraires.

1. lire avec attention •
2. emprunter •
3. un libraire •
4. un gros livre •
5. un éditeur •

• **a.** acheter
• **b.** un écrivain
• **c.** feuilleter
• **d.** un bouquiniste
• **e.** un livre de poche

Phonie-graphie

8 Lisez ces phrases à voix haute et soulignez les liaisons.

Prononciation de *en*

1. *De la neige ? Il y en a dans les Alpes.*
2. Du ski ? Vous en faites chaque hiver.
3. Des bonbons ? Ils en achètent tous les jours.
4. Des moules frites ? Elle en mange chaque année.

Prononciation de *y*

5. Tu y habites, tu y resteras !
6. Nous y allons, vous y serez ?
7. Il y chante, elle y danse.
8. Ils y croient, elles y pensent.

Prononciation des pronoms doubles

9. Il leur en a laissé un.
10. On lui en montrera une.
11. On nous en reparlera longtemps.
12. Il les y envoie.
13. Il nous y invite.
14. Il vous en faut.

COMPRENDRE ET *Agir*

MODULE 5

Leçon 19

1 📖 ▶ Livre de l'élève p. 130 **Relisez le document. Remplacez ces expressions par un mot ou une expression synonyme trouvé dans le texte.**

1. prendre du temps pour soi-même → ....

2. savoir s'arrêter → ....

3. travailler et rentrer à la maison en transports en commun → ....

4. prendre un moment de repos → ....

5. loin de tout → ....

2 **Vous répondez à votre ami Greg. Vous lui donnez des conseils pour « décrocher » à l'aide des expressions suivantes :** *Il est nécessaire de... – Il faut savoir... – Il est important de...*

📧 Envoyer maintenant ✉ 📋 🔗 ▾ 🗑 📎 ✍ ▾ 📇 Options ▾ 📶 🖼 Insérer ▾ ☰ Catégories ▾

Salut,
Je n'en peux plus, je suis super fatigué. Je travaille trop en ce moment. Je pars de
la maison très tôt le matin et je rentre très tard le soir. Une vraie vie « métro, boulot,
dodo »... Je ne fais rien d'autre et je ne sors jamais. J'espère trouver le temps de te voir
bientôt.
Bise
Greg

À : 👤
Cc :
Objet : Re :

abc Police ▾ Taille ▾ **G** *I* S̲ T ☰ ☰ ☰ ☷ ☷ ← → A ▾ 🖌 ▾ —

Salut Greg, ...
....
....
....
....

3 **C'est le 1ᵉʳ janvier. Vous prenez trois bonnes résolutions pour l'année à venir.**

1. ....

2. ....

3. ....

4 Classez ces activités en cochant les bonnes réponses.

	Se détendre	S'amuser
1. un cours de yoga	☐	☐
2. un cours de salsa	☐	☐
3. un week-end à la campagne	☐	☐
4. un concert de musique rock	☐	☐
5. un concert de musique classique	☐	☐
6. une fête foraine	☐	☐
7. un dîner entre amis	☐	☐
8. un bon livre	☐	☐

5 ▶ Livre de l'élève p. 131 **Réécoutez les extraits et associez.**

Lieux
1. la montagne ●
2. la verdure ●
3. un pays exotique ●
4. la forêt ●

● **a.** extrait 1
● **b.** extrait 2
● **c.** extrait 3
● **d.** extrait 4

Activités
5. apprendre ●
6. construire ●
7. marcher ●
8. se reposer ●

6 Retrouvez le recto et le verso de ces cartes postales.

1.

2.

3.

a. Tout est zen ici. C'est fou comme la montagne repose ! Bises à tous les stressés... Carla

b. La ville est étonnante, tout est si grand... Rien de commun avec ce qu'on connaît. À bientôt, Éric

c. C'est magnifique Soleil et mer. Que du repos ! et des poissons ! Jules

GRAMMAIRE

Le souhait et la volonté

1 Mettez les verbes à la forme qui convient et justifiez votre choix.

1. Je veux .... (partir) en vacances en Chine cet été.

2. Je veux qu'il .... (partir) en Chine. C'est son rêve depuis longtemps.

3. Nous souhaitons .... (avoir) plus de temps pour nous reposer.

4. Nous souhaitons qu'il .... (avoir) plus de temps pour se reposer.

5. Il désire .... (croiser) son chemin à nouveau.

6. Il désire que nos chemins .... (se croiser) à nouveau.

Justification : ....

....

2 Exprimez un souhait en vous aidant des propositions suivantes.

Exemple : prendre des vacances → ***J'aimerais*** *prendre des vacances.*

1. se reposer → ....

2. avoir moins de travail → ....

3. s'inscrire à un cours de danse → ....

4. te voir plus souvent → ....

5. faire le tour du monde → ....

3 Terminez les phrases suivantes.

Exemple : Mon directeur exige que *je sois plus disponible.*

1. Émilie souhaite que ....

2. Ma mère veut que ....

3. Tom préfère que ....

4. Mon chien aimerait que ....

5. L'arbitre ordonne que ....

4 Vous frottez la lampe d'Aladin et le génie qui en sort vous propose d'exprimer trois souhaits.

1. ....

2. ....

3. ....

Le verbe *espérer*

5 **Transformez les phrases, comme dans l'exemple.**

Exemple : J'espère passer de bonnes vacances. (ils) → *J'espère **qu'ils passeront** de bonnes vacances.*

1. J'espère profiter du beau temps. (elles)

→ ....

2. J'espère partir assez tôt. (il)

→ ....

3. Elle espère faire bon voyage. (tu)

→ ....

4. Nous espérons venir pour le week-end. (vous)

→ ....

5. Tu espères améliorer la situation. (je)

→ ....

6 **Rédigez six phrases à l'aide des propositions suivantes en ajoutant le verbe approprié :**
promotion professionnelle – plus de temps libre – voyage dans un pays lointain – monde meilleur - retraite agréable – agence de voyages sérieuse.

1. *J'espère que* ....

2. ....

3. ....

4. ....

5. ....

6. ....

7 **Vous devez vous présenter à un examen demain. Faites la liste de tout ce que vous espérez, comme dans l'exemple.**

Exemple : J'espère *arriver à l'heure.*

....

....

....

....

....

....

....

1 📖 ▸ Livre de l'élève p. 134 **Relisez les textes, puis associez, comme dans l'exemple.**

1. 2 800 •
2. 3 500 •
3. – 40 •
4. 200 •
5. 6 •
6. 57 •
7. 13 •
8. 117 •
9. 10 •

• **a.** degrés •
• **b.** février •
• **c.** mètres •
• **d.** jours •
• **e.** juin •
• **f.** km •
• **g.** jours •
• **h.** mètres •
• **i.** km/heure •

• **A.** marche
• **B.** date de départ
• **C.** vagues
• **D.** altitude
• **E.** marche
• **F.** températures
• **G.** traversée
• **H.** date d'arrivée
• **I.** vents

2 **En vous aidant des chiffres ci-dessous, racontez la traversée du désert de Christophe Lapierre.**

8 mars – 4 500 km – 20 m – 35 degrés – 41 jours – 200 km/heure

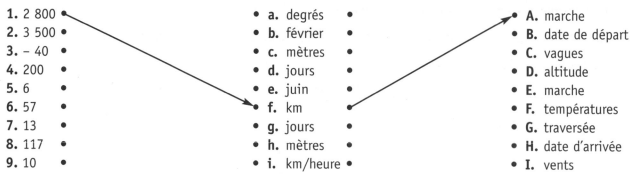

Je me souviens le jour de mon départ, c'était le ....
....
....
....
....
....
....
....
....
....
....
....
....

3 📖 ▸ Livre de l'élève p. 135 **Réécoutez l'interview de Jacques Sirat et cochez les bonnes réponses.**

La vie de Jacques Sirat...

	Avant	Maintenant
1. le mode de vie occidental	☐	☐
2. voyager le long des fleuves	☐	☐
3. le travail de facteur	☐	☐
4. le vélo	☐	☐
5. la liberté, l'autonomie	☐	☐
6. les choses matérielles	☐	☐
7. découvrir différentes cultures	☐	☐

4 **Complétez le texte suivant à l'aide des verbes :**

rester – partir – choisir – passer – décider – venir – savoir – atteindre.

Un héros très discret.

Il aurait pu .... sa vie en Nouvelle-Zélande mais le destin en ....

autrement. En 1953, il .... en direction des sommets. Le 29 mai, Edmund Hillary et

le sherpa Tenzing Norgay .... le sommet de l'Everest. Il .... de

donner un sens à son existence même s'il .... que les risques étaient très importants.

« On .... pour les montagnes, on .... pour les gens. »

5 **Choisissez une personne dans la liste ci-dessous et expliquez pourquoi vous voudriez vivre sa vie.**

- Paul Lefevre : directeur de galerie d'art à Paris.
- Asen Ivanov : fermier en Bulgarie.
- Stan Johnes : pompier à New York.
- Julie Gérard : institutrice dans le sud de la France.
- Anne-Marie Girardeau : photo-reporter en Chine.
- Diana Tedesco : mannequin à Milan.

....
....
....
....
....
....

6 **Donnez votre avis sur un blog.**

BLOG **Forum**

Vivre une deuxième vie, c'est possible... sur Internet. Chaque jour, des milliers de personnes se rencontrent, s'aiment et font des affaires dans *Second Life*, un univers virtuel qui compte de plus en plus d'adeptes. Et si ce faux monde permettait à ses habitants d'aller mieux dans leur vraie vie ?

....
....
....
....
....

GRAMMAIRE

Les sentiments

1 **Mettez les verbes à la forme qui convient.**

C'est la fête !

1. C'est super que tu .... (pouvoir) venir ce soir.

2. Je redoute que les invités .... (ne pas s'entendre).

3. Je suis surpris que mes parents .... (s'amuser).

4. Je regrette que Paul .... (ne pas venir).

5. Je suis très content que vous .... (apporter) le dessert.

6. Je suis désolé que Nathalie .... (être) triste.

2 **Commencez les phrases suivantes à l'aide des éléments donnés.**

1. *j'espère – j'ai peur de – je crains de – je suis contente de – c'est incroyable de*

EN AVION !

.... prendre l'avion même si .... voir la terre depuis le ciel. ....

.... être arrivée sans problème. .... avoir un séjour agréable mais ....

.... ne plus avoir envie de repartir !

2. *surpris de – je suis heureux – je regrette – je suis ravi de*

À VÉLO !

.... voyager à vélo. .... quand je vois défiler le paysage. Les gens sont

souvent .... me voir. .... juste une chose, de ne pouvoir porter assez

de livres !

3 **Complétez les phrases suivantes en ajoutant le sentiment ressenti par Chloé.**

Chloé et Simon partent en vacances.

1. Simon est en retard. Chloé *est surprise que Simon soit en retard.*

2. Ils vont rater l'avion. Chloé ....

3. Simon ne lui dit même pas bonjour. Chloé ....

4. À l'aéroport, Simon sourit à l'hôtesse. Chloé ....

5. Simon l'embrasse. Chloé ....

6. Ils montent dans l'avion et partent en vacances. Chloé ....

Le doute et la certitude

4 Classez ces verbes ou expressions en cochant les bonnes réponses.

	Doute	Certitude
1. Je doute que...	☐	☐
2. Je pense que...	☐	☐
3. Je ne crois pas que...	☐	☐
4. Je suis convaincu que...	☐	☐
5. Je ne suis pas persuadé que...	☐	☐
6. Je ne suis pas sûr que...	☐	☐
7. Il me semble que...	☐	☐
8. Il est peu probable que...	☐	☐

5 Mettez les verbes à la forme qui convient.

1. Je doute qu'elle .... (pouvoir) partir à cause de la tempête.

2. Je ne suis pas certaine que les enfants .... (avoir) pris leurs affaires de sport.

3. Elle est certaine que Paula .... (venir) la voir.

4. Il est peu probable qu'il .... (pleuvoir) aujourd'hui.

5. Il me semble que nous .... (avoir) mieux à faire !

6. Nous sommes en retard. Vous croyez que nous .... (pouvoir) prendre l'avion ?

7. Je suis persuadé que ce .... (être) une bonne solution à l'avenir.

8. Je pense qu'il .... (ne pas sortir) ce soir.

9. Tu ne penses pas que Luc .... (prendre) la bonne décision.

6 Complétez les phrases à l'aide de ces expressions :
*être grand comme son père – avoir les yeux noirs de sa tante – avoir mauvais caractère comme
son grand-père – être aussi généreux que sa grand-mère – être un grand peintre comme son oncle.*

Adèle attend un enfant.

1. Elle est sûre qu'il ....

2. Elle doute qu'il ....

3. Elle n'est pas certaine qu'il ....

4. Il est peu probable qu'il ....

5. Elle croit qu'il ....

Vocabulaire

1 Expliquez les deux sens du mot « retraite » et employez-les dans une phrase.

1. ....

2. ....

2 Associez ces expressions :

1. s'accorder •
2. courir •
3. être •
4. avoir •
5. rompre •
6. garder •
7. retrouver •
8. aller •

• **a.** une âme d'enfant
• **b.** à l'autre bout du monde
• **c.** une démarche spirituelle
• **d.** des parenthèses
• **e.** une sensation
• **f.** en quête de silence
• **g.** avec les habitudes
• **h.** tout le temps

3 Inventez des expressions comme dans l'exemple.

1. *« métro, boulot, dodo »*

2. « voyage, ..., ... »

3. « loisir, ..., ... »

4. « repos, ..., ... »

5. « plaisir, ..., ... »

4 Complétez la grille de mots croisés à partir des indications données.

Verticalement :
1. Ensemble des monuments et sites témoins de l'histoire et de l'art d'une culture, d'un pays.
2. Habitude d'agir toujours de la même manière, de façon mécanique.
3. Arrêter de subir le rythme imposé par la société.
4. Ensemble des personnes qui habitent un pays, une région.

Horizontalement :
A. Action de se retirer, se dit aussi du lieu où l'on trouve refuge, pour se reposer par exemple.
B. Action de voyager pour son plaisir.
C. Signe utilisé en écriture, ce mot s'emploie aussi dans une expression pour dire « faire une pause », « se mettre en retrait ».
D. Action de se détendre, de se relaxer quand on est fatigué.
E. Se dit de ce que l'on ressent dans des moments de bien-être, de satisfaction.
F. Échanger des expériences, des savoirs avec d'autres personnes.

5 **Associez les phrases aux notions.**

1. Il est peu probable qu'il vienne.   •   • **a.** un souhait
2. Tu espérais le revoir.   •   • **b.** une volonté
3. Elle est persuadée que c'est la bonne solution. •   • **c.** un espoir
4. Il veut vraiment partir ?   •   • **d.** un sentiment
5. Je suis vraiment navré.   •   • **e.** un doute
6. Nous souhaitons que ce problème soit résolu. •   • **f.** une certitude

6 **Que mettez-vous dans votre valise pour partir ?**

a.   b.   c.   d.   e.   f.

1. Pour aller dans le désert, j'emporte ....

2. Pour aller à la montagne, j'emporte ....

3. Pour aller à la mer, j'emporte ....

7 **Dans les phrases suivantes, trouvez à quoi servent les guillemets.**

a. citation – **b.** titre – **c.** mot à isoler – **d.** expression – **e.** paroles rapportées

1. Vous aimez le mot « aventure » ?   ....

2. Il le décrit dans son ouvrage « Voyagez libre ».   ....b....

3. D'ailleurs, il dit : « c'est comme ça que je conçois la vie ».   ....

4. Nous sommes tous favorables au « développement durable ».   ....

5. Comme disait Platon : « L'essentiel n'est pas de vivre mais de bien vivre. »   ....

8 **Complétez le texte avec ces mots d'origine étrangère :**
meeting – basket – short – week-end – tee-shirt – smoking – pull-over.

Ces mots sont entrés dans la langue française, on ne met pas de guillemets.

Ce ...., il y a un .... politique important, je vais mettre mon ....

et mon nœud-papillon. Mais ce soir, pour jouer au ...., je mets un .... et

un .... mais je prends un .... pour le mettre en sortant s'il fait froid.

9 **Prononcez à voix haute les deux phrases suivantes.**

1. Je veux et j'exige d'exquises excuses.
2. Je veux et j'exige seize chemises fines et six foulards fins.

Je peux donner mes impressions
... / 4 points (1 point par phrase)

1 Vous venez de passer une audition pour entrer dans une école de théâtre. Une vraie catastrophe ! Donnez vos impressions.

1. ....

2. ....

3. ....

4. ....

Je peux exprimer l'opposition et la concession
... / 5 points (1 point par phrase)

2 Complétez ces phrases avec : *pourtant, même si, malgré, bien que, alors que.*

1. .... j'étais sur scène, une personne est entrée.

2. Le jury m'a félicité .... mon jeune âge.

3. .... je sois bien préparée, j'étais complètement déstabilisée.

4. .... je n'ai pas été sélectionnée, c'est une expérience intéressante.

5. J'ai été très déçue .... je tenterai ma chance à nouveau.

Je peux exprimer une hypothèse
... / 5 points (1 point par phrase)

3 Avec des *si*, on refait le monde ! Terminez ces phrases.

1. Si j'étais moins timide, je ....

2. Si j'étais plus ....

3. Si j'avais moins de ....

4. Si j'avais plus de ....

5. Si ....

Je peux utiliser les pronoms compléments
... / 7 points (1 point par phrase)

4 Transformez les phrases en utilisant des pronoms.

Exemple : J'ai donné mon livre à Paul. → *Je **le lui** ai donné.*

1. Mon frère a prêté son lecteur CD à son amie. → ....

2. Pourtant, il s'intéresse à la musique. → ....

3. Elle s'occupe des artistes. → ....

4. Éric a montré ses dessins à son patron. → ....

5. Les artistes donnent tout aux fans. → ....

6. Tout le monde me dit que c'est super. → ....

7. Je te conseille d'acheter ce CD. → ....

Je peux exprimer un souhait, une volonté, un espoir

... / 7 points (1 point par phrase)

5 Terminez les phrases suivantes.

1. L'année prochaine, ...

2. Je souhaite que ....

3. Je veux que ....

4. Je voudrais que ....

5. J'aimerais que ....

6. Je veux ....

7. J'espère ....

Je peux exprimer un doute et une certitude

... / 7 points (1 point par réponse)

6 Cochez la bonne réponse.

	Doute	Certitude
1. Il me semble qu'il a marché pendant 2 800 km.	☐	☐
2. Je crois qu'il a atteint le plus haut sommet.	☐	☐
3. Je doute qu'il fasse beau.	☐	☐
4. Je suis certain que de là-haut, la vallée est magnifique.	☐	☐
5. Je ne suis pas sûr qu'il ait pris toutes les précautions.	☐	☐
6. Il est peu probable qu'ils se perdent.	☐	☐
7. Je suis persuadé qu'il tiendra jusqu'au bout.	☐	☐

Je peux parler de mes sentiments

... / 5 points (1 point par phrase)

7 Associez un sentiment à ces expressions.

1. → ....

2. → ....

3. → ....

4. → ....

5. → ....

⊃ **Résultats : ... points sur 40**

117

PORTFOLIO

☹ 😐 ☺

Écouter 🎧

Je peux comprendre une conversation téléphonique entre une secrétaire et un candidat à un concours.

Je peux comprendre des témoignages sur des petits boulots.

Je peux comprendre la visite d'un appartement.

Je peux comprendre une conversation sur des souvenirs de jeunesse.

Lire 📖

Je peux comprendre une fiche d'inscription à un concours.

Je peux comprendre une lettre de motivation.

Je peux déchiffrer un site de rencontres.

Je peux lire des petites annonces de logement.

Je peux comprendre des abréviations dans des petites annonces.

Je peux comprendre une discussion sur un échange de logements.

Je peux comprendre un site sur des Chantiers de Jeunesse.

Parler en continu 💬

Je peux présenter un projet.

Je peux présenter mes intentions.

Je peux formuler une hypothèse sur le futur.

Je peux raconter des souvenirs.

Je peux exprimer des intentions et des souhaits avant un départ.

Je peux décrire mon parcours scolaire.

Je peux parler d'expériences vécues.

Je peux décrire un appartement et présenter des règles de vie en communauté.

Je peux donner des conseils et faire des recommandations.

Parler en interaction 💬

Je peux demander des informations dans un bureau.

Je peux m'informer par téléphone sur des conditions d'inscription.

Je peux interroger une personne sur son travail.

Je peux interroger quelqu'un sur ses intentions et ses souhaits.

Je peux faire visiter un appartement.

Je peux argumenter avec un colocataire indélicat.

Écrire ✏️

Je peux remplir une fiche d'inscription à un concours.

Je peux rédiger une lettre de motivation pour participer à un concours.

Je peux raconter un souvenir de travail.

Je peux écrire une annonce pour trouver un logement.

Je peux décrire et caractériser un habitat.

Je peux comparer des modes de logement.

Je peux évoquer des changements dans les façons de vivre.

Écouter 🎧

	😞	😐	😊
Je peux comprendre une conversation sur des sorties entre amis.			
Je peux comprendre une conversation entre deux anciens amis d'école.			
Je peux comprendre une interview d'un médecin.			
Je peux comprendre une conversation sur un thème culinaire.			

Lire 📖

Je peux comprendre une rubrique de sorties dans un journal.			
Je peux lire des annonces de personnes qui cherchent quelqu'un.			
Je peux lire de courts articles sur la santé.			
Je peux comprendre un quiz.			

Parler en continu 💬

Je peux donner de mes nouvelles.			
Je peux faire des suggestions.			
Je peux faire un constat sur un phénomène de société.			
Je peux parler des origines et des causes d'un phénomène de société.			
Je peux parler d'une apparence physique.			
Je peux indiquer des quantités.			
Je peux parler de pratiques alimentaires.			

Parler en interaction 🗨️

Je peux proposer, accepter ou refuser une sortie.			
Je peux prendre des nouvelles de quelqu'un.			
Je peux parler d'un problème de santé.			
Je peux donner des conseils de santé.			
Je peux échanger des idées de recettes.			
Je peux faire des courses dans un magasin d'alimentation.			
Je peux exprimer une volonté et une nécessité.			

Écrire ✏️

Je peux caractériser un lieu de sortie.			
Je peux exprimer des préférences sur mes lieux de sortie.			
Je peux choisir et caractériser des lieux de sortie.			
Je peux rédiger un programme de loisirs.			
Je peux raconter les circonstances d'une rencontre.			
Je peux écrire une annonce pour retrouver un(e) ami(e) d'enfance.			
Je peux écrire une recette de cuisine.			
Je peux rédiger un prospectus en relation avec la santé.			

Écouter 🎧

Je peux comprendre une conversation sur des problèmes d'informatique.

Je peux comprendre des témoignages d'expatriés.

Je peux comprendre une émission de radio sur un phénomène de société.

Je peux suivre une conversation téléphonique sur un problème au travail.

Lire 📖

Je peux lire des faits divers.

Je peux comprendre les résultats d'une enquête.

Je peux repérer les informations essentielles sur un site d'expatriation.

Je peux me documenter avant un départ à l'étranger.

Je peux lire des récits de voyage.

Je peux comprendre la présentation d'une ville dans un guide touristique.

Parler en continu 💬

Je peux donner mon opinion sur un sujet polémique.

Je peux approuver ou désapprouver une opinion.

Je peux exprimer le rejet.

Je peux exprimer l'enthousiasme.

Je peux situer quelque chose dans l'espace.

Je peux parler d'une mauvaise expérience.

Parler en interaction 💬

Je peux rassurer quelqu'un.

Je peux exprimer l'exaspération.

Je peux exposer un problème d'informatique.

Je peux interviewer un témoin d'un fait divers.

Je peux enquêter sur un comportement.

Je peux analyser les résultats d'une enquête.

Je peux participer à un débat contradictoire.

Je peux interroger un candidat à l'émigration.

Je peux exposer des raisons pour rester dans mon pays ou émigrer.

Je peux réconforter quelqu'un.

Écrive ✏️

Je peux écrire des gros titres de presse.

Je peux raconter un fait divers.

Je peux composer les questions d'une enquête.

Je peux raconter un trajet.

Je peux situer dans le passé.

Portfolio

	☹	😐	☺

Écouter 🎧

Je peux comprendre une interview d'un artiste.			
Je peux comprendre une enquête d'opinion à la radio.			
Je peux suivre une conversation sur l'écologie.			
Je peux comprendre des témoignages sur la réinsertion sociale.			

Lire 📖

Je peux comprendre la biographie d'un artiste.			
Je peux comprendre des critiques de spectacles.			
Je peux comprendre un article de journal sur une mesure écologique.			
Je peux comprendre un article sur un artiste engagé.			
Je peux comprendre un article sur une association.			

Parler en continu 💬

Je peux donner mon opinion sur un artiste.			
Je peux rapporter les paroles de quelqu'un.			
Je peux donner mon opinion sur un livre.			
Je peux exprimer la surprise.			
Je peux parler de l'entraide dans la société.			
Je peux parler d'une période difficile dans ma vie.			
Je peux exprimer mon indignation.			

Parler en interaction 💬

Je peux défendre mon opinion sur une émission de télévision.			
Je peux interviewer un artiste.			
Je peux discuter sur un sujet littéraire.			
Je peux répondre à une interview sur ma carrière.			

Écrire ✏️

Je peux raconter la vie d'un artiste.			
Je peux situer un événement dans le passé.			
Je peux raconter une sortie au théâtre.			
Je peux composer une affiche pour un concours écologique.			
Je peux écrire une lettre pour protester contre une décision anti-écologique.			
Je peux décrire des conséquences.			

☹ 😐 ☺

Écouter 🎧

Je peux comprendre une chronique radio qui parle des jeux de rôle grandeur nature.

Je peux suivre une conversation sur un système d'échange.

Je peux comprendre un micro trottoir sur le thème des vacances.

Je peux comprendre l'interview d'un voyageur à la radio.

Lire 📖

Je peux comprendre des témoignages sur des castings d'émission de téléréalité.

Je peux comprendre un article de journal sur une manifestation.

Je peux comprendre un article qui informe et conseille sur des lieux pour se ressourcer.

Je peux comprendre un article sur les exploits de sportifs de l'extrême.

Parler en continu 💬

Je peux donner mon opinion sur un jeu.

Je peux exprimer l'envie de participer ou pas à une manifestation.

Je peux donner mon opinion sur un système d'échange.

Je peux dire quelle serait ma réaction dans certaines situations.

Je peux dire ce que je pense des méthodes pour essayer de se ressourcer.

Je peux exprimer des choix pour les vacances.

Je peux exprimer des souhaits et des espoirs quant à l'avenir.

Je peux donner mes sentiments sur des performances sportives.

Je peux exprimer des sentiments, doutes et certitudes sur des sujets de société.

Parler en interaction 💬💬

Je peux discuter d'un monde virtuel.

Je peux discuter sur un système d'échange, en expliquer le fonctionnement et en présenter les avantages pour informer un ami.

Pendant une discussion, je peux donner mon point de vue sur les choix de vie d'un grand voyageur.

Je peux interviewer une personne qui a un mode de vie particulier.

Je peux répondre à une interview pour expliquer mes choix et ma façon de voir la vie.

Écrire ✒️

Je peux écrire un article pour présenter un jeu et en expliquer les règles.

Je peux raconter une expérience de participation à une sélection.

Je peux écrire un article pour présenter un événement exceptionnel.

Je peux rédiger une page de mon journal intime pour raconter comment j'arrive à prendre du temps pour moi.

Je peux écrire des publicités sur le thème des vacances.

Je peux rédiger un article pour présenter des exploits et rendre compte de sentiments.

CORRIGÉS
des Auto-évaluations

CORRIGÉS des auto-évaluations

Module 1

1 **1.** quel / qui – **2.** quoi / quand – **3.** combien – **4.** est-ce que – **5.** pourquoi

2 1 b – 2 f – 3 e – 4 a – 5 d – 6 h – 7 g – 8 c

3 sais – connais – sais – connaissent – connaître – savoir – sais – connais

4 Cherche apt. 35 m² ds imm. moderne avec coin cuis., SdB, chbre. Si possible avec comm. et M° à prox.

5 **1.** J'ai visité un appartement qui est près de chez toi.
2. C'est un quartier sympa que je connais bien.
3. C'est un quartier animé où j'allais souvent quand j'étais étudiant.
4. Mais dans cet appartement il y a beaucoup de meubles dont je n'ai pas besoin.

6 a commencé – devait – était – payait – a obtenu – est entrée – est – aimerait – devrait

7 *Réponses possibles :* **1.** Tu devrais commencer par peser le pour et le contre.
2. Ce serait bien de demander à tes parents.
3. Je te conseille de réfléchir avant.
4. Je te recommande de chercher un appartement.

Module 2

1 *Réponses possibles :*
1. Ça ne te dirait pas d'aller au cinéma samedi ?
2. On pourrait aller voir une expo dans un musée ?
3. Et si on allait à la piscine ?

2 *Réponses possibles :*
1. Aller au théâtre, ce n'est pas une mauvaise idée.
2. Aller au restaurant, ça ne me dit rien.

3 qui – lequel – celui – que – ça (cela)

4 *Réponses possibles :*
1. – Qu'est-ce que tu deviens ? – Rien de spécial
2. – Tu es en forme ? – Oui ça va.
3. – Et le boulot ? – Ça marche bien.

5 *Réponses possibles :*
1. Avant, je me sentais très seul. Un jour, je me suis marié. Maintenant, nous sommes deux et bientôt, trois !
2. Il y a deux ans, j'ai rencontré Paul. Pendant plusieurs mois nous avons appris à nous connaître. Depuis, nous sommes ensemble et heureux.

6 comme – puisque – à cause de – parce que – grâce à

7 **1.** beaucoup de – peu de – assez de –
2. de plus en plus – **3.** un peu – trop

8 *Réponses possibles :*
1. Il faut faire du sport.
2. Il est nécessaire que les enfants mangent cinq fruits et légumes par jour.
3. Il ne faut pas consommer trop de sucre.

9 en me promenant – en pensant – en le ramassant – en souriant

Module 3

1 **1.** Je n'y arriverai jamais !
2. Je n'en peux plus !
3. Ça ne marche pas !
4. J'en ai marre !
5. J'en ai assez !

2 **1.** Ne t'inquiète pas.
2. Nous allons travailler ensemble.
3. Je vais t'aider à faire l'exercice.

3 la mienne – la tienne – la mienne – les tiennes – les nôtres

4 *Réponse possible :* Hier matin, une tornade d'une grande force a dévasté le sud du pays. Plusieurs centaines d'arbres ont été déracinés, les voitures de la ville ont été renversées, tous les toits des maisons ont été arrachés et plusieurs personnes ont été blessées.

5 **1.** Oui, c'est la plus belle invention.
2. Oui, c'est le meilleur outil.
3. Oui, ce sont les plus intéressants.
4. Oui, c'est la pire solution.

CORRIGÉS des auto-évaluations

6 *Réponses possibles* :
1. J'ai une vie extraordinaire !
2. Je fais un travail qui me passionne !
3. Cet endroit est très beau !

7 sur – sous – à côté d' – dessus – dessous – en face – dedans – parmi – au loin – au-dessus d'

8 **1.** Pourtant il avait révisé ses cours, il avait travaillé tout le week-end, il s'était couché tôt.
2. Pourtant elle avait demandé des conseils, elle s'était préparée physiquement.

9 **1.** Ils se sont réveillés avant la sonnerie du réveil.
2. Après le petit-déjeuner, ils se sont lavés.
3. Avant de charger les bagages dans la voiture, ils ont vérifié qu'ils n'avaient rien oublié.
4. Après avoir fermé tous les volets, ils ont fermé la porte d'entrée.
5. Et ils sont partis avant midi.

Module 4

1 1 c – 2 e – 3 a – 4 f – 5 b – 6 g – 7 d

2 La journaliste lui demande comment il va. Il lui répond qu'il va très bien. Elle lui dit qu'elle est très heureuse de le recevoir. Elle lui demande comment s'appelle son dernier album. Il répond qu'il s'appelle *Louis, c'est dit* et que c'est un titre en hommage à son père.

3 depuis – pendant – Il y avait – ça fait

4 *Réponses possibles* :
1. C'est magnifiquement interprété.
2. 2 heures de pur bonheur !
3. Ce film n'a aucun intérêt.
4. N'allez pas voir ce film !

5 **1.** gentiment
2. vraiment
3. sûrement
4. lentement
5. méchamment
6. certainement

6 **1.** C'est le meilleur épisode de toute la série.
2. C'est la chaîne de télé la plus regardée.
3. C'est le plus beau film que j'ai jamais vu.
4. C'est le livre le plus intéressant de la rentrée.

7 *Réponses possibles* : C'est incroyable ! – C'est extra-ordinaire ! – Ce n'est pas possible ! tu plaisantes ! – Vraiment ? Je n'en reviens pas !

8 Afin de – c'est pour ça que – En effet – c'est pourquoi – comme – grâce à – Pour que

Module 5

1 **1.** J'avais le trac.
2. C'est un moment inoubliable.
3. C'était un vrai cauchemar.
4. C'était une expérience difficile.

2 **1.** Alors que
2. malgré
3. Bien que
4. Même si
5. pourtant

3 *Réponses libres.*

4 **1.** Mon frère le lui a prêté.
2. Pourtant, il s'y intéresse.
3. Elle s'en occupe.
4. Éric les lui a montrés.
5. Les artistes leur donnent tout.
6. Tout le monde me le dit.
7. Je te conseille de l'acheter.

5 *Réponses libres.*

6 Doute : 3, 5, 6 – Certitude : 1, 2, 4, 7

7 **1.** être heureux
2. être triste
3. être déçu
4. être en colère
5. être amoureux

Liste des enregistrements du CD élève

PISTES	MANUEL DE L'ÉLÈVE
1	Crédits
Leçon 0	
2	p. 11 Activité 9
2	p. 11 Activité 10
Module 1	
3	p. 16 Leçon 1 – Document A
4–6	p. 20 Leçon 2 – Document A
7	p. 26 Leçon 3 – Document A
8–10	p. 30 Leçon 4 – Document A
Module 2	
11	p. 43 Leçon 5 – Document B
12	p. 47 Leçon 6 – Document B
13	p. 52 Leçon 7 – Document A
14	p. 56 Leçon 8 – Document A
Module 3	
15–17	p. 68 Leçon 9 – Document A
18–20	p. 73 Leçon 10 – Document B
21–24	p. 79 Leçon 11 – Document B
25	p. 82 Leçon 12 – Document A
Module 4	
26	p. 95 Leçon 13 – Document B
27	p. 99 Leçon 14 – Document B
28	p. 105 Leçon 15 – Document B
29–31	p. 109 Leçon 16 – Document B
Module 5	
32	p. 120 Leçon 17 – Document A
33	p. 125 Leçon 18 – Document B
34	p. 131 Leçon 19 – Document B
35	p. 135 Leçon 20 – Document B

Achevé d'imprimer en Italie par Rotolito Lombarda
Dèpôt legal : 03/2010 - Collection n° 31 - Edition n° 02
15/5565/5